JN116442

危機のグローバルガバナンス

——新たな国際協調体制への道

千葉千尋 著

時潮社

国際社会の抜本的変容を迫るグローバル化

　1990年代以降本格化したグローバル化は、今やビジネスから日常生活レベルまで浸透してきた。それは前国連事務総長アナンの指摘を待つまでもなくアフリカなど発展途上地域を含めて地球規模で経済発展とそれに伴う恩恵を広くもたらしてきた。しかし、その一方で制約無きグローバル化の負担が累積的に拡大した。その結果、社会の分断が地球規模で広がり、国際社会は分断と対立が激化するなかで歴史的なガバナンス危機に直面することになった。反グローバリズムと排外主義の台頭、それらを煽るポピュリズム政治の横行のなかでの自国第一主義による国際的対立の激化、それは経済の自由放任と国際協調を軸とした19世紀文明の国際協調ガバナンス体制が経済の構造変化を受けて行き詰まり、世界が第2次大戦へと落ち込んでいった1930年代を彷彿とさせる。

　さらに危機の構図ということでは、現在直面する危機のほうが構造的で根が深いといえよう。1930年代の危機は、政策対応の拙さが重なって第2次大戦の悲劇へと落ち込んで行ったが、当時のグローバル化は、厳密に定義すれば、厳然とした国境の存在を前提とした「国際化」の範疇に留まるものであった。それ故、国際社会の構造を抜本的に変容させるものではなく、19世紀ガバナンス体制の機能上の中核であった「国際金本位制」を改変すること等によって体制の再建を図る余地が残されてい

た。実際、第2次大戦後の再建は、覇権国の交代はみたものの国際社会の構造自体の抜本的変容はなく、新たな覇権国米国のドルを基軸通貨とする「金・ドル為替本位制」に修正して、国際協調をベースとするガバナンス体制の再建を果たしている。

　しかし、進行中のグローバル化は、国境の壁を取り払い、「国民経済」と「国民主権国家」を地球規模で一律フラット（平準）化させる動きであり、国際経済と国際社会の構造を大きく変容させ得るダイナミズムを内蔵したものである。情報デジタル革命と情報ネットワーク化によって加速したそのグローバル化は、規模やスピードにおいても史上類をみない。このグローバル化は必然的にそれが進むほど、国民経済と国民主権国家の存立基盤を侵食し、その軋轢が対立と分断を高めていくという二律背反のメカニズムを内蔵している。国境を介しての国際交易や文化交流の拡大という「国際化」、ないしは、その範疇での従来のグローバル化は、自国の制度や規範など自国の社会体制の骨格を残したままで自国の制度や規範を国際的に広める、あるいは逆に外国の制度などを取り入れたり、国際ルール化した規範などを部分的に取り入れていくことにあった。それは国民経済や国民国家主権と完全に対立することはない。だが、進行中のグローバル化では、地球規模での世界の画一的フラット化か、もしくは国民経済と主権国家の存続かという二者択一の構図の下で摩擦と対立が増幅していかざるを得ない。

　この制約無きグローバリゼーションの最初の大きな警告となったのが1929年以来の経済大停滞を招いた2008年9月に起こったリーマン・ショックであった。情報グローバル化は情報産業としての金融のグローバル一体化をまず先行させたが、それが信用バブルの生成と崩壊を招き世界

経済は大停滞に陥った。当時、筆者は英国ウォーリック大学で同ショックの波及によるEUのソブリン（主権国家）危機の研究に従事していたが、あらためてその危機の深さを認識させられた。それは、本書に繋がるグローバリゼーションと国際ガバナンスの研究への原点ともなる出来事であった。

それから10余年、危機自体は小康を取り戻してきたが、振り返ってみれば、リーマン・ショックまでを本格グローバル化第１波とするなら、それはグローバル・ファイナンシャル・ビレッジの形成という情報産業である金融分野が先導するグローバル化であった。その過程では、グローバル化の内蔵する負担はまだ潜在的で、グローバル化のメリットが広く波及した時期でもあったといえよう。しかし、グローバル化が広範に浸透する現在の段階になると、生産体系の地球規模での一体化に加え、法制や文化の融合をも迫る地球規模での広範な画一的フラット化が進んだ。それは内在的に存在してきたグローバル化の負担と対立を累積的に拡大して一挙に表面化させていくことになった。例えば生産体系の世界一体化が進めば生産性は大きく高まるが、半面で安い賃金のところに雇用は流れ、雇用流出国では産業の空洞化と失業の増大が進む。2016年の米大統領選挙を左右したラスト・ベルト（「錆び付いた工業地帯」）問題が正にその典型であった。

制約無きグローバリゼーションの加速は、経済格差を一段と拡大させ、持てる者と持たざる者との二極分化を所得、資産両面から累積的に拡大した。それは国内的には社会の分断を、国際的には、反グローバリズムと排外主義の台頭という対立の構図を先鋭化するととともに、それらを煽って自己の政治基盤の強化に取り込もうとする政治リーダーの出現も

あって国際対立を一層助長していくことになった。英国のEU離脱の選択や大陸欧州での右傾化と反EU政党の躍進、および米中の経済対立の広がりなどは正にそうしたポピュリズムや反グローバリズムの反映といえよう。

こうしたなかで第2次大戦後の国際協調ガバナンスの枠組みとしてのブレトンウッズ体制とその後の修正ブレトンウッズ体制は、制約無きグローバル化による分断と対立のなかでその機能基盤が空洞化し、覇権国を含めて自国第一主義へ世界的な傾斜が進むなかで国際協調へのインセンティブも喪失していくことになった。

本書の目的と構成

本書は、この国際社会に抜本的変容を迫り二律背反による対立を内蔵した制約無きグローバリゼーションの実態とそれがもたらす危機の本質を、国家と市場と国際統治の相互関係から解明を進め、構造的危機に直面する国際ガバナンス体制の再建に向けた新たな国際協調の在り方と現実的再建への道を探ることをめざしている。

国際社会や体制の変容を分析する際、国際政治学や国際経済学それぞれの視点からの分析のみでは、「経済事象のなかの政治現象」と「政治事象のなかの経済現象」が相まった国際社会とガバナンス体制変容のメカニズムを解明していくには限界がある。それ故、本書は、学際的国際政治経済学の分析アプローチに立脚して解明を進める。

その実証分析と考察は目次に示す通り、3部10章から構成される。ま

ず、グローバル化を市場経済と国際統治における 5 つの発展段階に分け、それを念頭に近代国際ガバナンスの成立と発展過程、およびその行き詰まりと再建という国際ガバナンスの史的展開と変容を、そのシステム機能上の問題を含めて、国際政治経済学の文脈から分析と考察を進める。それらを踏まえ、今や止め得ない段階にまで達してきたと見做される現在のグローバル化の特質と直面する危機の本質を明らかにし、21 世紀型の新たな国際協調とガバナンス体制再建への道を探っていく。ダニ・ロドリックは、グローバル経済統合と国民国家の二律背反は避け得ない命題で、再建への現実解はグローバル化の制限による妥協とする。だが、果たして併存への第 3 の道はないのか？　それを地域の発展段階に応じたミニ・グローバル化としての地域統合の広がり、および地球規模の問題への国家を超えたテーマ別国際協調の広まりと組織化という 2 つの新たな動きを架け橋とした、併存への「ハイブリッド」融合モデルの提示を含めて検討していく。

　本書は、そのテーマ自体の学際性に照らして、国際経済学や国際政治学に関わる広範な事象を歴史的視座をも含めて多角的に分析を進めている。また近代国際ガバナンス体制の運行システム自体もその中核に貿易や国際通貨体制が位置してきたため、本書は、期せずして国際関係史や国際政治、経済体制史に加え、国際金融や国際通貨体制史をも広くカバーする書ともなっている。

　身近なレベルまで広く浸透し、国際社会の地球規模での未曾有の変容を迫る現下のグローバル化、その実態と影響をどう捉え、それがもたらす諸問題や課題をどう考えていけばよいのか？　研究者や外交関係者、学生のみならず経済人、社会人を問わず今やその理解と考察は不可欠な

ものとなってきた。広範ながら体系性が要求されるという身の丈を超える挑戦となった本書だが、現下のグローバリゼーションの特異性を明らかにし、本書が、国際社会の変容と直面する危機への新たな理解と研究発展への道標ともなればこれにすぐる喜びはない。

　最後に、本研究の端緒を開いてくれたウォーリック大学ベン・クリフト、リチャード・ヤング両教授と院の研究仲間たちに、また研究途上での発表の機会や有益なコメントなどお世話いただいた庄司克宏先生、羽場久美子先生、鷲江義勝先生、八谷まちこ先生、そして執筆当初から多大な助言をいただいた円居総一先生の日本EU学会所属の諸先生方に、この場を借りて心より感謝の辞を申し述べたい。遅れがちな原稿を厭わずお世話いただいた時潮社の相良景行、阿部進氏にも厚くお礼を申し上げたい。
　そして何より陰で支え続けてきてくれた最愛の家族に心からの感謝を込めて本書を贈りたい。

令和3年3月吉日　著者

目　　次

第 1 部

近代国際ガバナンス体制の成立と展開

第1章　国際ガバナンス体制の変容と理論

1．国際体制の変容と理論

　すべての学術的研究に共通する目的は、直面する問題や課題を科学的な考え方の枠組みに基づいて分析し、その解明と洞察を政策対応や社会の改善に提供していくことにあろう。国際関係や国際体制としてのレジームとその下での国際ガバナンスの研究も、国家だけではなく国家以外の多様な組織を含む国際的に行動する主体（アクターないしプレーヤー）とその行動が複雑に絡み合って引き起こす様々な事象に伴う問題と国際ガバナンス体制の変容を解析し、諸問題の解決や国際協調、戦争の回避や平和の構築にその解析や洞察を生かしていくことにある。

　しかし、そうした解析も科学的、学術論理的な枠組みでの分析が伴わないと一般性を持ちえず、政策等への応用にも自ずと限界があろう。

　学術史から見ると、国際関係や体制の研究は、政治学の一分野としての位置づけから始まっている。国際関係の行動主体であるアクターは、第二次大戦後の経済の国際化の進展に伴う多様なアクターの出現までは基本的に国家と同義であったからである。その今日に至る国民国家を基礎とする近代国家より構成される国際社会の形態を一言で要約すれば、価値の分配を決定する権限としての「政治」がそれぞれの国家に属し、その分権的な仕組みと機能を前提として構成される世界が国際社会を構成

している、ということになろう。こうした仕組みの下での国際秩序と政治体制の形成の原点となったのが、神聖ローマ帝国を舞台として戦われた30年戦争であり、具体的には、その終結として結ばれた「ウェストファリア条約」（1648年）であった。同条約以降の国際体制（レジーム）は、このウェストファリア条約が成立させた条約ベースの秩序体系として、「ウェストファリア」体制と呼称されてきた。ただし、そのように呼称されながらも、国際レジームは条約による枠組みという形で以降継続してきたわけではなかった。

　国際社会はもともと、その分権的な仕組み故に国際的な視野での価値の分配を図るような国家を上回る権威、すなわち上位権限体（一元的権力）はもたず、かつ経済力、軍事力を含めての各国の国力には大きな隔たりが存在してきた。そのため、強者による力の乱用が起きやすい状況が継続してきたことから国際政治体制は、条約による枠組み以上に、「勢力関係」が次第に中心となって国際レジームが形づけられるようになり今日に至っている。実際、19世紀を通じてのパックスブリタニカの下での中核概念となった「バランス・オブ・パワー」などはそのことを典型的に示している。加えて、その概念自体もナポレオン戦争以降の外交戦略としての「バランス・オブ・パワー」の広がりに根差しており、英国がそれを対大陸戦略の基本に位置づけ、その国力を背景に国際的に外交戦略を展開するなかで、国際レジームとしてのパックスブリタニカの枠組みが形作られて国際政治の安寧・秩序を形成、維持してきた。

　だが、この覇権国が軸となったバランス・オブ・パワーの国際レジームも、19世紀末から20世紀にかけて各国がそれぞれの勢力膨張策に転じると帝国主義の横行となり、国際政治体制の秩序は崩れ、世界は最終的に第一次世界大戦へと突入していくことになった。その反省に立って同

大戦後、集団安全保障を軸に国際的ガバナンスの中核機関として「国際連盟」が設立され国際秩序の再建が模索されていく。だがこれも、覇権国として台頭した米国と社会主義国家として勢力を伸ばしてきたソヴィエト連邦（旧ソ連）がともに参加せず機能不全のまま国際秩序の再建は進まなかった。同時に同大戦をめぐる戦争賠償が大きな対立の火種を残し、その後に勃発した1929年の世界恐慌とも重なって経済的自立と国家の存続をめぐる列強間での対立激化を生み、再び世界大戦に突入していくことになる。そして第二次大戦後も、米ソの二極対立による冷戦が構造化し世界の緊張は続いていくことになった。だが、それぞれの陣営においては、条約や陣営内での軍事や経済協力システム、ないし国際機関が設けられ、陣営内での勢力関係をベースとして秩序とガバナンス体制は整えられていった。特に西側陣営においては、国際経済秩序を軸に米国を盟主とする「国際協調」を軸に国際ガバナンス体制が構築され、盟主の力は漸次衰えつつもその体制は世界標準化へと広がって冷戦後の国際社会のなかでも継続し今日に至っている。

　学術分析では、こうした現実の展開を見据えつつ、国際政治、国際関係の理論が模索、開拓され、国際社会における主権国家の政策決定や安全保障、国際制度の意義、戦争と平和などの問題での学術的検討と理論の体系化が進められてきた。それら理論の基礎を成す代表的な思想（理論）を大別すれば、リアリズム（現実主義）、リベラリズム（自由主義）およびマルクス主義の 3 つがあげられよう。

　リアリズムは正に第二次大戦までの上記のような歴史展開に照らした現実主義理論であった。ハンス・J・モーゲンソーによって提唱されたこの理論は、それまであった国際関係論における理想主義（人間の理性を信じ、国際法や国際機関の整備によって国際紛争を完全になくしていける）

への対置を成す理論であった[1]。その先駆けとなったのが、理想主義に基づく第一次大戦後の国際連盟の失敗を踏まえて、現実的立場から理想主義を批判したＥ・Ｈ・カーの政治思想であった[2]。

　モーゲンソーは、政治は人間性の本質である他者支配の権力欲を最も反映する領域であり、国内、国際政治を問わず政治の本質は権力闘争にあるとした。特に、一元的権力機構のない国際社会においてはそうした権力闘争はより厳しく現出しやすい、との冷徹な認識を基礎に、実現可能な平和を模索していくのが現実的であると説いた。その理論のポイントは、国際社会は、軍事力を基軸とする政治権力が支配する世界であるとの認識にあった。この理論は冷戦期米国外交の思想の基礎を提供することにもなったが、同時に米国の覇権の維持を支えるための理論との批判も免れ得なかった。

　これらに対し、リベラリズムは、国際社会には、国連や国際機関、国際貿易ルールなどのような機関やルールが存在するから国際社会は、リアリズムが前提とする無政府状態社会ではないと説く政治思想に立脚した理論である。そこには多国籍企業やNGOなども国際秩序の形成に協調的に参加するため、国際関係は、国家群による国益、権力（覇権）闘争だけに限られるものではないとする認識があった。特に各国が経済交流を深めれば、その経済的利益状態、その相互依存関係を維持しようと努めるため、国際政治は安定しやすいと説く「相互依存」が理論の中核を成していくことになった。それらの概要は表1のように比較要約されよう。

　一方、マルクス主義は、リアリズムやリベラリズムの見方を否定して（ともに、アクターとしての国家は、資本主義システムの国際的展開網のなかで従属的な関係をもつ国家と国家関係を前提としていない）、その唯物史観に

表1　リアリズムとリベラリズムの理論概要比較

分類基準	リアリズム	リベラリズム
アクター（行為者）	国家（国内政治体）	個人、国家、企業、国際組織等
行為の目的	国益（国家の利益）	国際社会、人類共通の利益
行為の対象領域	安全保障	経済、社会全般
行為の前提	対　立	国際協調・調整
国際秩序の基盤	軍事力	国際的ルール、規範、レジーム

出所：各資料をもとに筆者作成

立った経済関係の重要性をベースに、その分析の焦点を階級的関係と資本蓄積体系としての資本主義体制においている。その下で国際ネットワークとして国際システムを捉え、分析しようとする理論枠組みであった。これらに加え、マルクス主義の派生としての「従属論」は、このマルクス主義理論と深く関連して先進国と第三世界を含めた経済関係と構造問題の具体的分析枠組みを提示する理論であった。

　国際政治、国際関係の理論枠組みは、これら3つの理論からさらに派生、発展していくことになった。国際関係の構造、アクターの構成が、第二次大戦後の、特に西側地域での急速な経済発展と国際化の展開のなかで大きく変容した。それに伴い、国際社会や国際関係における政治と経済の連動性、その相互作用が重要性を増し、理論アプローチも変容を迫られることになったからである。リベラリズムやマルクス主義は、経済との関わりを含むものではあったが、経済の急速な国際化、そしてグローバル化に伴う構造変化を十分に包摂し得るものではなかった。そのため、国際政治と国際関係、国際秩序と協調の問題等は、新たな学際的融合としての国際政治経済学の視点から再編され、解き明かされることが不可欠となっていた。学際的融合を不可欠とさせた構造変化、その変化をもたらしたのが、経済の急速な発展に伴う国際関係や国際体制に於

ける力学構造の変化であり、特に国家を制約するまでに台頭した「市場」
の規模と力の増大であった。

　金融を含む現実の経済活動とその構造変化は、国際化からグローバル
化、そしてグローバル・ネットワークへと進むにつれ、国民国家の枠組
みを超えて地球規模での一体化を推し進めるまでに広がっていった。そ
の大きな変容はその分大きな反作用を生む。今日の反グローバリズムの
台頭と波及がそれであり、自国第一主義やナショナリズムの横行をまね
き、またそれを自己の政治力の基盤強化に繋げようとする「ポピュリズム」
政治の台頭、拡散を増幅させることになった。その結果、国際社会が、
古典的なリアリズムの世界に引きずり戻されるような様相を呈する事態
ともなった。その結果第二次大戦後の世界、西側世界を中心に維持され
てきた国際経済秩序と国際協調の構図や体制も歴史的危機に直面するに
至った。このような政治と経済の構造変化や国際関係とグローバリズム
が複雑に交錯する国際社会の歴史的危機の解明に向けては、学究的アプ
ローチも国際政治学の視点や理論の分析枠内では不十分となり、国際経
済学や国際社会学等を含めて学術分析の枠組みを広げ体系化した分析が
不可欠となった。国際関係学が第二次大戦後の国際関係の構造変化のな
かで、伝統的な国際政治学の一分野としての範疇から踏み出し、国際政
治経済学として体系化されていくことになった所以である。
　本書の分析枠組みも、この学際アプローチとしての国際政治経済学に
その基本を置くものである。学際性ゆえに国際政治経済学のアプローチ
を仔細にみれば、文字通り「国際体制の変化や国際政治の現象を経済学
的な手法を持って分析する」アプローチと、スペロやギルピンのように
「国際経済現象を政治学的な手法を持って分析する」アプローチに領域
が分類される。さらに後者の立場に立ちながら「国際政治と国際経済の

連動性」を強く意識して国際政治経済学の体系化と発展に大きく寄与することになったストレンジによる「融合アプローチ」も開拓されてきた。本書の分析アプローチは、基本的にこのストレンジの連動性を重視した「融合アプローチ」の立場に立つが、分析手法は経済学的な手法と見識を広く含む点でストレンジとは異なる。文字通りの「国際政治経済学」の分析アプローチを試みている。

2．学際アプローチとしての国際政治経済学（IPE）

　その国際政治経済学の起源だが、直接的には未だ資本主義が黎明期であった1776年に『国富論』を執筆したアダム・スミスにまで遡る[3]。アダム・スミスは言うまでもなく近代経済学の父と言われるが、その経済学（古典派経済学）が純粋科学に向けて価値判断からの脱皮を図り政治学と袂を分かつことになる19世紀末から20世紀初めにかけての時期までは、価値判断を含めた政策志向の強い総合的なアプローチとして必然的にその経済学は政治経済学の色彩を色濃く残すものであった。

　さらに、アダム・スミス以前まで遡って国際政治経済学のルーツを求めるとすれば、15世紀より台頭した重商主義者らの主張まで辿ることができよう。彼らは「資源は有限」として、各国が限られた富を争奪する論拠を提供した。ゆえに搾取した者勝ちというゼロサムゲームの思考のもと、必然的に市場の囲い込みが志向され、大航海時代と相まって領土拡張と植民地争奪戦が繰り広げられ、国家間の秩序なき対立と抗争が続けられた。この15〜16世紀の初期重商主義は貴金属のみを国富としてその取得の流出防止を主眼とする重金（bullion）主義の範疇にあった。それが17世紀に入っての商業資本主義の台頭と相まって、商業貿易の重要

性を強調し、輸出の奨励と輸入の抑制政策が金（gold）の蓄積を促し、国を豊かにするとの主張へと発展していった。こうした発展、経緯を経たこの思想は、都合約 3 世紀もの間、経済思想の中心であり続けた（保護主義の源流ともなったその主張は、19世紀後半においても経済後発国であったドイツが当時のイギリスに追いつくためにも関税障壁は必要であるとして政策建言されるなど次の時代に入っても引き続き影響力を残した[4]）。そこには価値の生産という経済活動の基本概念はなく、経済学思想、理論として体系化されたものでもなかった。そのため、国際政治経済学の直接の起源としては位置づけ難いものであった。

　しかし、アダム・スミスに始まる経済学も次第に政治との分化が進んでいく。経済学が価値判断を外した「限界革命」を経て、富の生産と分配に関わるメカニズムの解明と分析に特化する一方、政治学は価値の分配と権限の力学構造の解明、分析に特化するという、いわば経済学と政治学の分業化が定着してくると、社会現象への複合的アプローチは次第に等閑視されていった。完全市場とミクロ均衡の集合としての経済全体（マクロ）の均衡による経済の自己調整メカニズムを前提とし、個々の経済主体は経済合理性に適った選択行動を行い、市場が価格メカニズムを通じて余すところなく需給を一致させていく、との理論体系化を図った経済学にとって、主観的な価値判断は不要で科学的客観性を損なうと見做されるようになっていったからである。ただ皮肉にも、政治との分化が確立し始めた時期に、その古典派経済学の完全市場と自己調整メカニズムの前提は自壊し、本文中でも論じられるように、古典派経済学のパラダイムの終焉が、その自己調整機能メカニズムを前提とした自由主義国家体制と国際金本位制を柱としてバランス・オブ・パワーで象徴された19世紀文明の行き詰まりを招くことにもなった。経済学は、その後1929年の大恐

慌を経て、古典派の自己調整機能を否定し、市場の不完全性を前提としたケインズ経済学によって立て直しが図られ、世界恐慌からの脱却と戦後の世界経済の復興、発展を政策理論としてリードしていくことになる。

　その一方、国際社会や国際秩序に関しての論議は、国際政治学と国際政治学に立脚した国際関係論の範疇で論じられていくことになった。それは理想主義の後退を受けてのE・H・カーとH・J・モーゲンソーによるリアリズムに則り論じられていく。そして戦後の国際体制と秩序は、リアリズムに則った冷戦構造という国際政治構造と、それと並行してケインズ思想に立脚して構築された米国を盟主とする経済秩序体制、そのブレトンウッズ体制の2元的体制で構築されていくことになる。この体制下で戦後の復興と発展が急速に進んでいくことになるが、それが経済の国際化を促進し、経済要因と新たな経済アクターが国際社会で存在感を高めていくことになった。経済要因とは、集約すれば、「市場の力」であり、新たなアクターとしては多国籍企業の台頭であった。

　1970年代、立て続けに起こった2つの大きなショック（ニクソンショックと第1次オイルショック）は、もはや国際社会の実態も、国際体制や秩序の問題も政治現象と経済現象の相互作用を抜きにはまったく論じ得なくなったことを象徴する出来事となった。従来の国際政治学および経済事象抜きの国際関係学だけでは説明し得えなかったこと、それが、国際政治学と国際関係学および国際経済学の密接な関連性をあらためてとらえ直す複合的アプローチの復活を促すことになる。そうしたなか、「国際政治経済学」という（スミスとマルクス以来の）包括的なアプローチを汲んだ試みが、その後の世界情勢の加速的な変容のなかで新たな学問領域として台頭し広がっていくことになった。その先駆的役割を担ったのが、米国のマサチューセッツ工科大学経済学教授チャールズ・キンドル

バーガーや同国コロンビア大学で教鞭をとっていたジョアン・スペロ、そしてイギリスのロンドン大学LSE（のちウォーリック大学）で主任教授を務めたスーザン・ストレンジなどであった。

　キンドルバーガーはその著、『大不況下の世界 1929-1939』のなかで、グローバル金融市場を形づくりつづける 3 要素を強調する。混乱、悪影響の伝播力、そしてヘゲモニー（覇権）による安定の重要性である。戦間期に起こった世界恐慌がもたらした大いなる経済混乱は、覇権国家の不在によるものであるとして覇権安定論を唱え、経済、政治、国際法など分野を問わずグローバルなシステムの安定こそがシステムのルールをつくり出し、安定は、それを司る覇権国に依存すると論じた。彼のアプローチは、不況と経済混乱という経済学上の事象の範疇にとどまらず、同著は、政治と法を含んだグローバルなシステム理解に視点を据えた画期的な一冊となった。[5]　そして複合学際アプローチの流れは、覇権に関する研究を進める者に限らず、後に広範な研究に多大な影響を与えていく。

　スペロは、『国際経済関係論』と題した著作において、経済グローバル化による各国の相互依存関係、グローバル化の流れの終着点に自らに有利な主権圏域をつくるべく経済問題を政治化する動き、南北間の従属システムおよび東西間の独立システムに着目し、それを通じた分析を進めることで、国際経済学を超えた政治学および国際関係論を含む新しいアプローチを具体的に提示した。

　さらにストレンジは「国際政治」と「国際経済」の連動性を強く意識してその体系化を図り、時代の変化を先取りする新たな国際政治経済学の包括的分析枠組みを提示した。それは必然的に国際ガバナンスの新たな基本構図の分析枠組みとなったが、古典的な国際政治学の範疇での国家間の力の配分に偏った政治学的アプローチから、力の源泉としての富

の生産と分配にも焦点を置く経済学的接近を組み合わせた学際的国際政
治経済学の視点からのアプローチであった。その代表的著作の１つ、
『国家と市場』のなかで「国際政治」と「国際経済」が織りなす国際関
係の構図を４つの基本的価値観に立脚した「構造的権力」と「相対的権
力」にその構成要素を含めて分類定義して政治と経済の融合、力学関係
から国際関係の構図を明らかにしている。具体的には、「安全保障」、
「知識」、「生産」および「金融」の４つの源泉より構成される「構造的
権力」とそれらの行使力に関わる「相対的権力」から構成される国際関
係への分析枠組みの提示であり、その枠組みからの分析と政策示唆の導
出であった。それにより、学際アプローチといっても政治学、経済学、
国際関係学の並列的組み合わせの域に留まっていた国際関係の分析に新
しい道が開かれ、現実の世界の政治経済の展開の構図をより的確に再現
し、分析するための枠組みと分析ツールを提供することになった。今日
のグローバル化に繋がる国際社会の変貌の解析に不可欠な視点と分析枠
組みを提示する先駆的アプローチになったといえよう。

　実際、国際社会においては、政治と経済そして国際関係とそのガバナ
ンス体制が相互に作用、反作用の交錯をも含めて絡み合い、変化を遂げ
てきた。それにもかかわらず、近代のアダム・スミスの登場から200年、
学際的分析アプローチがますます必要になっていたにもかかわらず、逆
に研究領域の専門分化が並行して進むなかで学際性の進展は遅れた。学
際的体系化が求められたIPE（国際政治経済学）が、その戦間期の台頭か
ら主要な学問領域としての地位を獲得するに至るのは20世紀後半になっ
てからであった。その間、世界は、国家と国境を超えて行動するトラン
スナショナル企業や非営利団体（NGO）の出現、地球環境問題の台頭な
ど、グローバルな視座と枠組みをもって把握していく必要のある数々の

出来事や問題に直面していくことになった。

　1990年代以降、その延長線上で加速したグローバリズムの進行が、政治、経済、国際社会学など広範な知識と思想の掛け合わせによる分析を一段と不可欠なものとさせてきた。そうした現実の展開が国際政治経済学の広まりを助長することでその研究領域としての基盤が固まっていった。また研究者の間口も広まり、スティグリッツ、ロドリック、クルーグマンなど専攻分野で第一人者と目される人々が、その自己の専門領域と重ねて、あるいは超えて学際的分析を進め論じるようになってきた。本書の分析も既述のように、こうした経緯を経て発展してきた国際政治経済学のアプローチに則り、特にストレンジにより開拓された政治と経済の連動性に焦点をおいて「国際政治学」と「国際経済学」のデシプリンの組み合わせによる分析枠組みで分析を進める。具体的には、その分析枠組みを通して、国際ガバナンスの変遷と現下の構造変化の特質、そして直面する歴史的ガバナンス危機の分析を進め、21世紀型の新たな国際協調ガバナンスへの道を探っていく。

３．国際システムとガバナンス体制（市場経済と統治、５つのフェーズ）

　市場システムが社会全体に影響を及ぼすことになったのは近代に入ってからである。さらに国際システムとしての性格を表してくるのは18世紀以降となる。そのシステムとガバナンスの体制の歴史的変遷は、ひとまず以下５つのフェーズに分けられよう。

　１．自由放任貿易と（イギリス中心の）帝国主義のフェーズ、２．戦後ブレトンウッズ体制と米国覇権確立下での国際協調体制発展のフェーズ、３．経済国際化の進行に伴う国際経済秩序と協調体制動揺のフェー

ズ（フロート制と規制緩和によるグローバル化進行のフェーズ）、４．情報
グローバル市場化の進展と国際ガバナンス体制の危機、である。そこに
加えて第５フェーズとなる現下の、情報グローバル市場化の浸透と歴史
的ガバナンス危機である。

　本書は、これら国際体制の変遷と現下の危機の実態、その歴史的位相
を踏まえて、直面する国際ガバナンス危機への対応とその再建への道を
探っていく。

　第一のフェーズ「自由放任貿易と（イギリス中心の）帝国主義のフェ
ーズ」のきっかけは、技術革新に伴い化石燃料を有効活用（蒸気機関の
発明）できるようになった第二次エネルギー革命（木炭から石炭）と第
一次産業革命（軽工業）の勃興にあった。18世紀後半から19世紀にかけ
て、石炭による交通革命が産業革命により生産速度および規模を飛躍的
に向上させた。これにより権力と富（利益）の分配が進み、政治と経済
の力学関係に急速な変化をもたらしながら社会全体に浸透し、資本主義
の原型を象っていく。これこそが、紀元前から続いてきた「社会生活か
ら切り離すことのできた、限られた経済圏であった市場」とは一線を画
した市場の革命であった。この時、経済思想のみならず政策論、財政学
など広い視野で社会思想としても古典と位置づけられるスミスによる国
富論が、一つの時代を象徴する思想体系として君臨していく。これは当
時の自由貿易を推し進めたばかりでなく、後の古典派経済学的要素とそ
の後の経済学の着想の多くを含んだ書で、まさに近代経済思想の原点と
いえるものでもあった。スミスによって、体系だった理論の提供が成さ
れたのは18世紀後半であったが、その後第二次産業革命（重工業）とと
もに台頭する後の超大国、米国の勃興とともに、当時の国際システムの
中核に位置したイギリス帝国の力の翳りが見え、やがて２つの世界大戦

と大恐慌により19世紀文明を支えた国際システムそのものが自壊の過程を辿ることになった時期である。

　第二のフェーズ「戦後ブレトンウッズ体制と米国の覇権確立下での国際協調体制発展のフェーズ」は、２つの大戦の反省から戦後は、米国の覇権確立の下、自由貿易と国際通貨体制の再建を柱に戦後復興と経済発展の基礎が築かれていった時期になる。すなわち、米国の圧倒的軍事力、経済力を背景に、国際体制と秩序は、リアリズムに則った冷戦構造という国際政治構造と、それと並行してケインズ思想に立脚して構築された米国を盟主とする経済秩序体制、それを取り決めた会議の場所の名を冠してブレトンウッズ体制と呼称されるようになった経済体制の二元的体制がそれであった。その中核となった通貨制度は、米ドルを国際基軸通貨と位置づけ、その価値は「金」とリンクさせることで体制参加国（その維持機関として設立された国際通貨基金（IMF）参加国）に保証し、そのドルに参加国通貨を固定的に結びつけるという「金・ドル為替本位制」固定通貨制度として設定された。米ドルを共通の中心通貨として、それに自国通貨（の価値）を固定するということは、ドル経済圏の確立を意味する。そうした形でIMF・国際通貨体制が創設されるとともに、自由貿易の促進に向けて（GATT）協定も結ばれ戦後の国際経済秩序の維持システムが確立されていった。米国はその盟主として、欧州、日本への復興支援、特に欧州への大規模な復興支援としてのマーシャル・プランに加えて、途上国向け復興・開発融資機関としてIBRD（国際復興・開発銀行、通称、世界銀行）の他、その地域版としての地域開発銀行などの設立をリードしていく。このIMF・ブレトンウッズ体制を中核として国際経済体制が整備され、その基盤に立って、国際協調を旨とする戦後の国際ガバナンス体制が確立していく。冷戦という国際政治構造と整備され

た国際経済秩序維持体制の下で、少なくとも西側に限れば最も安定した
ガバナンスが実現していった時期であった。

　第三のフェーズ「経済国際化の進行に伴う国際経済秩序と協調体制動
揺のフェーズ」は、1960年代末から衰えを見せ始めた米国経済が主要国
の経済復興、偉大な福祉国家政策とベトナム戦争の戦費負担、世界経済
の国際化に伴う対外投資の増加と資本流出などが重なって衰退が始まり、
国際通貨、経済体制が大きく動揺していった時期に当たる。それを象徴
したのが、金・ドル交換制停止によるドル固定体制の放棄（それによる
変動制への移行は制度的ドル経済圏の終焉）と経済のスタグフレーション
への落ち込みであった。"as pure as gold"（金ほどの価値）と言われ
国際決済と信用制度の安定機能の要であった米ドルは、輸入支払いと資
本流出から世界的にドル余剰の累増となり、国際基軸通貨としての信頼
性は大きく毀損していく。交換性停止と変動相場制への移行はその反映
であったが、それは、国際通貨体制が安定装置である固定制度を失った
"Non-system"（システムなき）状態になったことを意味するものであっ
た。国際収支の悪化を受けて、自ら主導したGATT協定による自由貿易
の推進も放棄に向かい、通商法、関連法の改定を含めて保護主義へ盟主
国米国は傾斜していくことになる。こうした状況を受けて欧州（欧州共
同体＝EC）では独自の通貨安定圏構想が進められるなど、国際経済秩序
を支える制度の空洞化とその補修の動きを加えつつも国際ガバナンス体
制の動揺は広がっていく。それに加えて、軍事にも増して経済力が重要
性を増し、国際関係、ガバナンスの視点からは、新たなプレイヤー（多
国籍企業、それらを含む集合としての市場、その他、新たな国際公共とし
てのNGOなど）が台頭し、経済抜きに国際体制論議は論じ得ない時代を迎
えることになる。

　第四フェーズ「情報グローバル市場化の進展と国際ガバナンス体制の危機」は、1980年代まで虚ろな超大国ともいわれた米国が、1990年代から進み始めた情報ネットワーク化により経済再生が進み、グローバル市場化の標準モデル（アングロサクソン市場モデル）となって情報革命をリードし、軍事の経済基盤も回復していった時期を前期とする。そこから世紀を跨ぎ、以降の金融危機の混乱までが後期となる。情報化の先行利得は次第に失われていったがその一方で、規制の緩和撤廃と情報技術革新が結びついた米国発金融革命が世界を席巻していくことになる。サブ・プライムローンの証券化に始まる種々の債権の証券化、再証券化は、そのプロセスを通じて価格変動リスクを幅広く分散させる形でリスク・フリー化を進め、世界的な未曾有のバブルを引き起こしていく。しかし、米国の住宅バブルがピークアウト化してくると、価格変動リスクの分散で覆い隠されてきた根本的な信用リスクが一挙に表面化する形で、信用膨張の巻き戻しが生じる。バブルは一挙に崩壊し、金融革命の主役を演じてきた米国の投資銀行の破たん、その融資による信用拡大を続けてきた銀行、債務保証に関わる新たなデリバティブ取引にのめり込んできた米大手保険会社が巨額の損失を出し、存亡の危機に直面することになった。

　米国の金融界をリードし、歴代の財務長官を多数輩出してきた 5 大投資銀行は、リーマン・ブラザーズの倒産劇に象徴されるように行き詰まり、生き延びたのはゴールドマン・サックスだけで、それも投資銀行から銀行に名を変え、投資銀行がなくなるという惨状を呈した。米政府は、当初、リーマン・ブラザーズの救済を検討するも、それより巨額の潜在債務を抱えるに至った世界最大手の保険会社、AIGと併せて救済することは困難で、影響比較でリーマンを放置せざるを得なかった。それは同時に市場と国家の力学構造における国家の後退を決定づける出来事でも

あった。「大きすぎて潰せない」はずであったが、市場の規模はすでに
政府がコントロールできる規模にはなく、実際、リーマン・ショック直
後に、米国が政策協調協議体としてのＧ７を、新興市場国を含めた20か
国を招集してＧ20会議に拡大して主催したが、規制緩和と市場原理主義
ともいうべき理念に立っていた当時の政権（共和党ブッシュJr.政権）で
は議論も進まず、何らの具体策も打ち出しようがなかった。

　ショックが小康に向かうのは、その後の伝統的に市場万能主義とは一
線を置く民主党オバマ政権に代わり、資産デフレへの対応に向けた財政、
金融両面からの景気支援と債務処理支援策が国際的協調で実施された後
であった。リーマン・ショックは、その後、ギリシャ危機、EUの国家債
務危機（ソブリン危機）へと波及し、世界的に長期のデフレ圧力が続き、
金融政策金利は、ゼロ近傍で推移するという歴史的にも異例な事態が続
いていく。国際協調体制はそれ自体が崩れつつあるなか、アドホックな
個別課題別政策協調アプローチで対応を進めるのが精々の状態となった。
それはまさにＧ20の対応でよくわかる。

　そして、現下の第五フェーズである。金融危機自体は小康してきたも
のの、金融・経済の情報グローバル市場化は一段と進んだ。情報ネット
ワーク化は、情報プラットフォーム化に伴うプラットフォーマーの台頭
に代表される市場の自己完結性と情報の寡占化を進め国家に拮抗する力
をもつに至った。同時に、情報グローバル市場化は発展状況も異なる各
国経済の一律均一化を推し進めたため、無制限の競争が所得格差、資産
格差を急速に進行させ社会の分断と対立を世界的に巻き起こすことにな
った。持たざる者に多くの人が組み入れられ、その反発が反グローバリ
ズムとなって社会分断と排外主義の横行を招くことになった。またそれ
を自己の政治基盤の強化に利用する政治のポピュリズム化も進むことと
なった。2017年の米トランプ大統領の登場とその自国第一主義の実践、

多様性を旨とするEU内での民族主義、排外主義の台頭と右傾化、英国のEU離脱という選択をめぐる分断と対立、米中貿易摩擦の激化などはその反映であったが、分断と排外主義の広がりで国際ガバナンスは歴史的危機に直面する。国際社会は、古典的な「リアリズム」と、それが論議対象とした第二次大戦に至る戦間期1930年代の様相に先祖返りして対立と分断、国際ガバナンスの喪失危機に直面するに至った。本書上梓の直前でポピリズムに則ったトランプ米大統領の敗北と退陣が明らかになった。そのこと自体は、新たな民主党バイデン大統領の下で米国の国際協調主義への復帰を予想させる。だが、グローバリズムの浸透に伴う構造的分断と対立は継続する。国際協調システムの完全崩壊はトランピズムの退場で避けられたとしても国際ガバナンスの構造的危機が去るわけではない。

　以上のように、国際ガバナンス体制の再建は待ったなしの状況にあるなかで国家の支配力の後退と国家間の対立も構造化しつつある。グローバリズムの信仰と構造変化を前提としたうえでの現実的国際ガバナンスの再建と新たな国際協調への道は存在するのか。5つのフェーズに見る歴史的位相と現下の実態を踏まえ、再建への現実解を目次に示す3部の構成を通じて、分析と考察を進める。

【注】
1）詳細は、H.J.Mougenthauの"Politics among Nations: The Struggle for Power and Peace"参照。
2）詳細は、E.H.Carrの"The Twenty Years' Crisis, 1919-1939"参照。
3）原書の正式名はAn Inquiry into the Nature and Causes of the Wealth of Nations。邦訳では原題の直訳の他、『国富論』や『諸国民の富』などの訳で刊行。

4）ただし、リスト（Friedrich List）に代表されたその主張は、重商主義そのものではなく、経済ナショナリズムを反映した保護主義の主張で現代の幼稚産業保護論に相似するものであった。それでも重商主義が内包した保護主義主張に依拠するもので重商主義の思想を強く反映していたといえる。

5）Kindlebergerのこの一冊は、後に2008年リーマン・ショック危機の只中、サマーズ米財務長官がこの本に立ち戻り指南を求めたとも伝えられる。

6）Smelser, N.J. & Swedberg, R.（2005）"The Handbook of Economic Sociology"、およびHeilbroner、R.L.（1992）"The Making of Economic Society"参照。

7）一律均一化とは、経済学にいう、賃金、資本等要素価格の均等化を指す。

第2章　黄金の拘束服による19世紀ガバナンス体制の成立と展開

1．産業革命によるイギリスの帝国づくりと19世紀国際体制の確立

　古典派経済学の祖とされるアダム・スミスがその大著『国富論』によって、国の豊かさである国富の源泉は金銀貨幣と金銀の保有量などではなく国の生産力にあることを解き明かし、同時にその源泉としての経済の運行メカニズムを次の3点に集約し、明らかにした。

　すなわち、①経済は市場が政府の管理から自由になった時に最大利益を出す、②競争こそが経済的利益を最大化する、③貿易における保護障壁はそれ自らが競争を抑制することで結果不運を招く、である。それによりそれまでの重商主義者らが提示した貿易のブロック化とゼロサムゲームは明確に否定されて、合理主義に基づく社会と呼応する形で市場経済メカニズムが体系化され、保護主義から自由貿易へと貿易の一大転換が世界的に図られていくことになった。

　国内、国際を問わず、市場原理に基づく自由な競争こそが自国と世界の双方にとってその利益の最大化をもたらすとしたこの新たな経済と自由貿易の原理は、画期的な理念の転換であり、英国と取引関係をもつ国々にとっても、貿易自体のメリットに加え、取引の胆となる貿易決済システムへの参加が決済のコストとリスクを減じて一層の貿易の拡大を図ることを可能にした。しかも、そうしたシステムは、経済的には「ネットワークの外部性効果」や「規模の経済性」を内包するため、英国が主

導して導入した国際金本位制と自由主義国家体制への転換が世界的に進み、瞬く間に19世紀資本主義文明の国際秩序体制、つまり市場の自動調整機能に基づく自由主義国家体制と国際金本位制という黄金の拘束服より構成される世界ガバナンス体制が整備されていくことになった。

　このスミスの『国富論』に基づく近代国家と国際体制、その19世紀資本主義文明の体制構築を可能とさせ英国を覇権国家にのし上げる基盤を提供したのが、英国が世界で最初に成し遂げた「産業革命」であった。イギリスが産業革命を迎えて以降、さまざまな技術革新（綿織物の生産過程など）により生産量は格段に増大した。さらに、1820年代には世界の工業生産の半分を占めるまでになり、その後50年以上「世界の工場」として世界一の工業国であり続けた。1851年ロンドンにおいて開かれた第1回万国博覧会（別名：水晶宮博覧会）では、クリスタルパレスが世界を感嘆させ、その威信をみせつけた。当時の状況をロドリックは、「現在よりもグローバル化していた」と評し、繁栄のピークであった1913年と比較すると貿易や金融の面でその時分に追いついたのはついごく最近であり、労働の移動でみれば現在もまだその時分の状況に達してすらいない、と指摘している。[3)]

　「電話一本かければロンドンではなんでも手に入った」といわれるほど成熟した19世紀の世界的な市場システムの展開を可能としたのは、その群を抜く工業国力を背景に帝国主義に則り海洋覇権国家として七つの海を制した英国の圧倒的な国力であり、それをもって築きあげた帝国のガバナンス体制としての国際体制であった。[4)]

　大英帝国の覇権の下で築かれていったその世界体制とガバナンスシステムは19世紀体制を支える枠組みともなったが、それは、自由主義的理念と古典派経済学の市場原理に基づいた①経済の自己調整機能と、②自

由主義的国家体制、そして③国際金本位制の3つの支柱より構成される
ものであった。その枠組みに立脚した世界ガバナンスの運営原則として
英国は、バランス・オブ・パワー（独立主権国家のうち突出した力をもつ
国が出ないようコントロールすることで長く平和を維持する国際政策）を掲
げ、この19世紀型の国際協調と運営システムを主導していった。バラン
ス・オブ・パワーは多国間協調の形態をとりながら覇権国に台頭した帝
国英国が、国際紛争や戦争を避けるための指導力を発揮し、帝国主義の
もとではあるが結果的に一定の国際秩序と安寧を図るうえで有効に機能
していったといえる。

　産業革命の成果は、飛躍的な生産力と電信、蒸気船、鉄道、運河など
の輸送と通信の革命を含めて、上記の体制を支える社会インフラとして
機能した。そしてアダム・スミスにリカード、そしてJ・B・セー等に
よって精緻化されていった古典派経済学は、「自由放任の完全市場原理」
とセーの「販路法則（供給はそれ自らの需要をつくる）」に基づいた経済
の「自由競争」と「自由放任」が参加者全てに最大利益をもたらすとす
る経済メカニズムの提唱をもって、国際ガバナンスシステムの発展と浸
透を支えていった。
　19世紀は、まだまだモノはなく供給が絶対的に不足した時代であり、
潜在需要は無限にあったため、セーの販路法則を含めて古典派経済学の
理論は高い現実性をもって適合する理論となった。それに立脚した国内
経済と国際経済との間を有機的に繋いだのが、国際金本位制であった。
表2（次頁）に示す通り、この19世紀の金本位制システムは正確にはイギ
リスの主導したこの金本位制は、「金本位・ポンド為替制」と呼ぶべき
もので、この国際金本位制の国際決済システムはイギリスの十分な金保
有を前提に「金」との兌換が保証されたポンド建て国際決済システムを

表2　金本位制の基本ルールと機能

1）基本要件
　　中央銀行券の金（金貨）への無限兌換の保証（国内要件）
　　国際間の自由な金輸出入を認める（対外的要件）
2）国際決済の仕組みと固定相場制を内蔵
　　国際間の経済取引の決済は通常は外国為替（ポンド通貨）が使用される
　　（国際間の自由な金輸出入が認められているゆえ、為替相場次第で直接金で
　　決済が可能）
　　このメカニズムで、外国為替市場で形成される為替レートは、金平価に金の現送費
　　（輸送、保険料）を加減した幅のなかでしか変動しない＝固定相場制が自ずと成立
3）金本位制のゲームのルール
　　各国通貨当局は、金保有量の増減に応じて通貨供給量を増減させるルールを
　　遵守しているため、次のような国際収支の調整機能（経済の均衡において国
　　際的均衡を優先）が働く。
　　　赤字国：為替相場下落→金流出→通貨供給量削減→国内物価低下→輸出増・
　　　　　　　輸入減
　　　黒字国：為替相場上昇→金流入→通貨供給量増加→国内物価上昇→輸出減・
　　　　　　　輸入増

出所：諸資料より筆者作成

同時に組み入れたものであった[5]。それは国際協調を維持するためのイン
センティブ機能をも果たし、19世紀資本主義文明と国際協調体制の鎹（かすがい）
となっていった。この制度は1870年代までには主要各国にも広く受け入
れられ、金の裏づけがなければ自国通貨の発効を勝手に操作することが
難しくなったことで、国際通貨体制に安定と信頼がもたらされ、国際的
な決済と資本移動がスムーズに機能するようになった。

　この金本位制のルールと機能こそが、国際協調ゲームのルールと枠組
みを国際社会に設定していくことにもなった。すなわち、表2に要約の
とおり、金本位制下では、貿易収支の赤字／黒字は金の流出入によって
国際決済されていくが、それが金の保有量に基づく国内通貨の発行量に
反映して国内経済の活動が自動的に拡大ないし縮小調整されていくこと

になる。例えば赤字国は決済のための金が流出して国内通貨の発行流通量、今日のマネーサプライが減少して経済は不況調整されていくことになり、その過程で賃金等の生産コストが下がり貿易の国際価格競争力が回復して国際収支は自動的に均衡を回復してくることになる仕組みである。すなわち、自由放任の国内経済は、国際的には金本位制のルールの縛りにより国際均衡に自動的に調整されていくことになる。それは経済の調整負担を甘受して国際協調を自動的に優先させるシステムでもあった。

　帝国主義の下で列強以外の国々・地域への強制力を伴ったこの19世紀の国際ガバナンス体制と国際秩序の維持は、今日われわれが知る戦後の世界よりもスムーズに機能していた。ポランニーはその大著『大転換』のなかで、この体制を次のように評している。すなわち、19世紀の国際システムは、勢力均衡（安保構造）、金本位制（金融構造）、および自己調節的市場と自由主義的国家の４つで成り立っていた。彼はこれらを「ユートピア的な擬制」としながらも、それは帝国主義という国際政治構造によって支えられたとする。またその上部構造を支える経済は、社会・経済活動の基盤となるエネルギーの大転換、木炭から石炭への大転換によって支えられ、ユートピア的擬制ながらもその国際システムは安定的に機能していったとしている。さらに、19世紀後半においては、ナショナリズムの台頭によりヨーロッパ各国で国民国家形成が進んだ時期にあたり、民衆が国家への帰属意識を高め、国家の威信を高めることに誇りを抱き、そうした民衆の支持が対外拡大政策と帝国主義の強力な推進力ともなっていったと併せ、指摘している[6]。

　運営上でのバランス・オブ・パワーの側面を除き構造的に３つの支柱

（国際金本位制、自己調節的市場と自由主義的国家）より成り立っていた19世紀の国際ガバナンス体制を、機能上から考察すれば、後にロドリックが提案し本書後段でも比較選択モデルとして論じることになる「政治体制選択モデル」の文脈からその特質を要約することができる。同モデルは国際経済学にいう「トリレンマ・モデル」、自由な資本移動と為替の安定、および金融政策の自立性、の3つの政策目標を同時に達成することはできないという「国際経済学のトリレンマ・モデル」を国際政治体制の選択モデルに応用したものであった。彼はそのトリレンマを、「主権国家・国民経済」と「民主主義体制」および「国際経済統合」の3つを同時に成立させる選択はできないとする形で国際政治体制選択の不可能命題を提示した。これにそって19世紀国際ガバナンス体制を考察すると、その機能的特質が明瞭に浮かび上がってくる。すなわち、19世紀に英国が主導した国際ガバナンス体制は、国際金本位制という国際ルールの縛り、ロドリックはこれを「黄金の拘束服」を着た体制と表現したが、その下で、「主権国家・国民経済」と「国際経済統合」の2つの機能を併存させた国際ガバナンス体制であったと捉えることができよう。

2. 英国の衰退化と19世紀国際統治モデルの自壊

　19世紀資本主義文明を支えた国際ガバナンス（国際秩序と平和の維持）の協調体制は、しかし約1世紀を経て20世紀初頭には自壊していく。その自壊の第一の要因は、覇権国英国の経済衰退であった。同国の世界経済における地位の低下は、19世紀後半から如実に表れ始めた。その契機となったのが、1873年から95年にかけての長期不況とそれに追い打ちをかけた石炭から石油への世界的なエネルギーの転換であった。豊富な石

表3　世界の工業生産に占める主要国シェア（%）

（年）	イギリス	フランス	ドイツ	アメリカ
1870	32	10	13	23
1896-1900	20	7	17	30
1906-1910	15	6	16	35
1913	14	6	16	38
1926-1929	9	7	12	42
1936-1938	9	5	11	32

出所：Rostow（1978）参照

炭をベースに産業革命を起こして圧倒的工業国へと発展をみた英国であ
ったが、効率的な石油エネルギーの登場と石油への急速なシフトは、英
国の工業基盤の弱体化を進めることになった。石油エネルギーへのシフ
トと相まって世界的には軽工業から重工業へとシフトが生じた。もとも
と第一次産業革命を成功させた英国は軽工業の依存が高く、それが重工
業化へのシフトを遅らせて後発国であった米国やドイツに次第に遅れを
とっていくことになった。実際、その世界工業生産に占めるシェアは
1870年の32%から、第一大戦前夜には14%にまで半減している（表3）。
当然これにより、国際競争力は低下し国際金本位制を中核とした国際体
制も立ち行かなくなっていった。

　この覇権国、英帝国の相対的衰退に引導を渡すことになったのが、第
一次世界大戦であった。安定と信用が不可欠となる国際貿易が、非常事
態にさらされれば、結果としてその規模を大きく縮小せざるを得ない。
特に当時世界を席巻していたヨーロッパ列強による凄惨な大戦は規模が
広範に及んだだけでなく、これまで局地的であった戦闘の常識を覆す全
国民を巻きこんだ総力戦となったため、各国家に貿易を中心に壊滅的な

打撃を与えた。英国が自由貿易を主導して繁栄を続けてきたのは、ひとえに平和を土台とした国際貿易の流通システムが遮断されることのない環境があったからであるという条件下で成り立っていただけに、大戦の勃発はその土台と環境を破壊し、国際貿易に甚大なダメージを与えて海洋覇権国家英国の衰退を不可避にさせた。それに産業構造への転換の遅れが重なったため国際収支の悪化から金本位制の元締めとして大量に保有していた金は新興著しい米国を中心に流出していった。

　英国が主導し、その覇権体制と国際的ガバナンスの鎹であった「国際金本位制」は単純なものではなく、金・ポンド為替システムの下で、イギリスが世界の銀行として機能してきたところが大きい。それは豊富な金準備に加えて、ポンドの最後の貸し手であるイングランド銀行の巧みな管理と世界的な高い信頼に支えられた金・ポンド為替本位システムであった。その信用メカニズムも金本位の自動調整メカニズムもそれら機能の担保となる保有金の流出によって機能不全に陥っていった。覇権国家として台頭していた米国が直ちに英国にとって代われるものではなかった。結局、国際金本位制は大戦中の一時停止から大戦終結直後に米国が離脱。その後、1925年に英国が復帰して制度回復への試みが見られたものの、その英国も29年の世界大恐慌を経て31年に金本位制を放棄するに至り、英国覇権の、そして19世紀国際協調体制の支柱であった「黄金の拘束服」は脱ぎ捨てられていくことになった。

　既述のように、20世紀初頭まで継続した19世紀文明の主構成要素と運営の枠組みは、先のポランニーの指摘のように、「国際金本位制」「自己調整機能」「自由主義的国家体制」に立脚した「バランス・オブ・パワー」の運営枠組みであった。その主催者の英国の衰退とともに「国際金本位制」は崩壊していくことになったが、英国にとって代わり急速な経

済力をつけてきた米国も、その覇権と国際ガバナンスの構築は順調には進まなかった。それは19世紀経済が構造的行き詰まりを進行させていたからである。19世紀体制の崩壊は英国の衰退と「国際金本位制」の自壊に象徴されるが、それを導いた最大の要因はこの経済の行き詰まりに求められる。その行き詰りとは、経済が古典派経済学の理論枠組みでの経済の運行メカニズムでは進まなくなったことである。すなわち、自由放任の資本主義経済が発展し、大規模生産体制が整えられてくるにつれ、「セー（J.B.Say）の販路法則」（需要が無限であることを前提に、生産すれば直ちに売れる、一時的な過不足による需給ギャップは市場機構を通じて完全に調整される[7]）で説明された「完全市場」の運行メカニズムが次第に機能しなくなった。産業革命から近代資本主義の発展期においては、世界が慢性的な供給不足状態にあり、それゆえアダム・スミスを始祖とする古典派経済学者らが前提とした需要が無限な世界その前提通りに現実経済の運行メカニズムも成立していた。正に、つくれば売れる、「供給それ自らの需要をつくる」という、セーが提示した販路法則の世界であった。

　しかし、19世紀を通じ生産体制が整い大規模化してくるにつれ、需要は次第に充足されていった。供給と需要の構造的変化のなかでセーの法則は成立しなくなり、古典派が想定していた完全雇用の一般均衡も成立し難くなった。森嶋（1994）に沿って、そのメカニズムを要約すれば、供給力の高まりで最終財（＝消費財）需要が満たされてくると、「資本財市場は過剰供給となり、労働需要や資本財用益需要が減退する。賃金下落により労働市場の調整がおこなわれても、それ（求人減）は資本市場の（価格調整ではなく）数量調整に根をもつため、（後にケインズが定式化した）有効需要不足による非自発的失業が不可避となる。完全雇用の一般均衡は成立しなくなる[8]」。経済を市場の価格による需給調整に全面的に委ね、経済と政治の分離を基本とする「自由主義国家体制」は、この

経済の構造変化が進行していくに従い齟齬を生じ、体制そのものを維持するインセンティブも薄れていき必然的に自壊していかざるをえなくなったわけである。円居（2016年）が変化の本質を端的に指摘するように、資本主義経済は、「供給に需要が適応する世界」から「需要に供給が適応する世界」へと変化し、価格よりも数量調整が主体となる世界へと180度の転換が進行していたわけであり、自壊は必然であった。[9]

　そして、この構造転換を決定的にさせたのが、19世紀末から20世紀にかけてのフォード一世による自動車の大量生産システムに代表される米国の大量生産革命であった。円居（2002年）によれば、ちょうどその時期に、米国での石油生産の拡大と中東原油の開発も進んだことでその工業生産力は飛躍的に拡大し、豊富なエネルギーと大量生産方式の両輪に支えられる形で、米国の供給力は飛躍的に増大していった。石油の出現によって自動車産業をはじめ製造業が一挙に活況づいた。またエネルギー革命と生産革命に加えてもう一つ決定的な後押しをしたのがその資金繰りに関する株式ブームの到来だった。それを可能としたのが、大手マネー・センター・バンクが地方銀行を巻き込んで先導した株式ファイナンスであった。その自己増殖が株式投資ブームをあおり、未曾有の株式バブルを生んでいった。同時にそれがアルゼンチン等の新興国への投資ブームにも広がり進行していった。

　だがそれは経済の構造的行き詰まりと19世紀資本主義体制に立脚した国際体制の終焉を早めるだけとなった。供給主導の空前の成長のなかで、生産の伸びは人口増加を遥かに上回るとともに生産人口の30％近くを占めていた農業部門の所得の伸びが非農業部門所得に対して大きく劣後して最終需要は低迷して需給ギャップ、つまり供給過多と需要不足によるギャップを大きく拡大していった。その数量的ギャップは市場の価格調

整だけでは調整しえない構造的なものでバブルの崩壊は必然であった。

　また、大規模生産化は、土地から切り離された賃金労働者を生み出し、賃金だけが頼りのサラリーマン層を増大させる。これを受けて、雇用と賃金の安定が社会政策の最重要課題になってくる。一方で、金本位制は、表2（37頁）の金本位制のルールに示すように、労働市場の厳しい賃金調整を伴う国内物価の調整を軸に国内経済の安定を犠牲にして国際均衡（国際収支の均衡）化を図るシステムであるため、その維持コストは経済社会的に耐え難い負担となってくる。この点でも、19世紀の国際協調と国際秩序を支える体制は、機能的限界に達していたといえよう。さらに、銀行システムにおいても、個々人の返済の滞りには責任を負う必要がなくとも、それが限度を超えシステムとして立ちいかなくなった社会全体が借金漬けになれば、経済の成長がそれに追いつかず、必然的に少数が利益を出しても「社会全体が返済しきれない状況」が訪れ、経済の循環はとまり金危機を必然化させていく。その結果が、1929年の世界恐慌（大恐慌）であり、と30年代へと続く世界経済の大停滞であった。

3．大恐慌と混沌のなかでの戦後国際協調体制への布石

　大恐慌をめぐっては、後年その恐慌の発展メカニズムをめぐって主に3つの仮説が提示されている。一つは、フリードマンとシュワルツによる、バブル崩壊後も金融引き締め状態を継続して不況を深化するとする「貨幣仮説」[11]。二つ目にフィッシャーによる、不況時に借り手が借りれば借りるほど借金は増えることで実質的な負債が増大して負債デフレサイクルを招くとする「負債デフレ仮説」[12]。そして三つ目に、バーナンキによ

図1　1929年恐慌の代表的説明仮説

貨幣仮説のケース

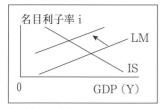

Freidman＆Schwartz

負債デフレ説のケース

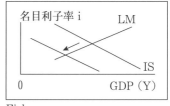

Fisher

信用収縮説のケース

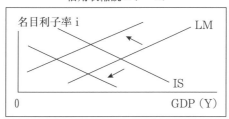

Bernanke

注：図中、LMは貨幣（金融）市場の均衡線、ISは財市場の均衡線
出所：諸資料より筆者作成

る、世界的な信用膨張の反転が唱えられた「信用収縮仮説」である[13]。ただし、いずれもバブル崩壊後の金融恐慌の発展メカニズムを解いたものである。そのため根本原因となるバブルに至る実物経済の展開と株式バブルの発生と破裂から金融好況に至るメカニズムはあまり解き明かされてはいない。しかし、森嶋（1999年）や円居（2012年）の示唆や指摘にあるように、バブルの生成と崩壊を招き、19世紀文明と国際協調体制の機能を支える前提要素であった経済の（市場機構を通じた）自動調整機能を行き詰らせたのは、生産革命の進展に伴う世界的な需給関係の一大構造的変化にあった。

　「市場の価格機構を通じて需給ギャップは自動的に解消されていく」

とする古典派経済学の理論枠組みでは構造化する需給ギャップの解決策は提示できるはずもなく、バブルの崩壊がその需給ギャップの拡大に拍車をかけ、世界経済は長期の大停滞に陥っていくことになった。資本主義の終焉論が社会に広がるなかで国際ガバナンス体制も完全なシステム不全に陥っていった。自国第一主義の台頭、市場の維持や争奪のための関税引き上げと為替切り下げ競争、「経済のブロック化」が進み、国際貿易も国際金融システムも混迷や機能停止状態に陥っていく。バランス・オブ・パワーによる国際協調とそれを支えた19世紀国際ガバナンス体制の枠組みの瓦解である。そして、国際ガバナンス不全のなかで、世界は第二次世界大戦の悲劇に突入していくことになる。

　19世紀体制の崩壊と世界経済の大停滞による混沌のなかで再度の世界大戦は避け得なかった。しかし、この混迷期にあっても、戦後の世界経済の復興と国際体制の再建へと繋がる重要な動きがいくつか生まれた。一つは、戦後の経済政策の理論基盤となっていくケインズ経済学の登場である。二つ目が国際協調の再建に向けた「国際連盟」の発足と欧州の汎ヨーロッパ運動の広がりである。ともに戦間期には成功はみなかったが戦後の国際連合設立とEU形成への重要な布石を提供していくことになった。三つ目は、国際金融と通貨体制の再建協力への試みである。戦後の体制論議に向けたこれら布石の概要をまず、ケインズ経済学から見ておきたい。

　20世紀に入って資本主義経済は「需要に供給が適応していく」需給構造へと変化していったが、その構造変化をいち早く認識して新たな理論を打ち立て、新たな政策対応への理論枠組みを提示したのがケインズであった。彼は、市場は古典派が想定するような完全なものではなく、例えば労働市場では非自発的失業が存在するのが常態であり、生産・供給

されたものがすべて市場の価格機構を通じて過不足なく需要されていくというというわけではないことを体系的に明らかにした。

　古典派経済学では、セーの販路法則を前提に、労働市場、財市場を問わず価格機構を通じて市場の集積としての経済全体の均衡、すなわち一般均衡も成立するとしてきた。それは需要が無限にあり、投資機会が潤沢で資本財の恒常的不足を前提とするもので、生産と供給の増加で需要が満たされてきて、投資機会が減少すれば資本財への需要不足が生じ、セー法則は成立しなくなる。資本需要の減少は労働需要を減じる。その需要調整は有効需要の不足に根差すため賃金下落では調整しきれず、失業が非自発的に常態化する。

　こうしてケインズは30年代の経済大停滞が有効需要の不足にあり、それは（当時）主流の古典派経済学の市場機構の十全な働きを前提とした経済の自動調整メカニズムでは解消しないことを体系的に明かした。そのうえで経済全体としてのマクロの概念を財市場と金融市場の同時均衡の枠組みから提示し、有効需要が不足で経済が不況の不均衡に陥っている際は政府支出の拡大で需要を創出する必要があること（総需要管理策）を説いた。その「一般理論」は、当初1927年に当時の英首相ロイド・ジョージに提案され、その後1936年に『雇用・利子および貨幣の一般理論』として世に提示された。

　この「大きな政府による介入政策」は、出版と前後するがアメリカでも1933年以降の一連の政策（ニューディール政策）に生かされ、政府が市場経済に積極的に介入することの論拠を広く理論的に世界に提供することになった。[14]就任したての民主党出身のフランクリン・ルーズヴェルト大統領は、この理論枠組みに沿った政策対応で瞬く間に銀行の取り付け騒ぎを終息させ、大胆な金融緩和を行うことで信用収縮にも歯止めをか

け、まさに実践のなかでその有効性を示すことになった。また、このとき制定されたグラス・スティーガル法（連邦預金保険公社の設立と銀行・証券業の分離）は、銀行が過度なリスクテイクをできなくした。これこそが、その後数十年にわたり金融面からの恐慌の増幅と再発を防止した、とされる画期的な法ともなった。

　だが、それらをもってしても当時の経済停滞に対し、国内に不満がくすぶり続けていた。それは国内産業を守るため、関税による保護障壁を求める声となり、結果アメリカ議会により悪名高き「スムート・ホーレー関税法」が制定されて世界的な保護主義の席巻が加速され、大停滞からの脱却はならなかった。そして第二次世界大戦へと突入していくなかで、ニューディール政策は、その有効性の発露も検証も受けることなく、本格的な評価と実践は戦後に引き継がれることになった。

　ケインズ経済学と並んで戦後の国際ガバナンス体制の再建に繋がる 2 つ目の布石としてあげられるのが国際連盟の設立であった。これは第一次大戦の反省に立ってウッドロー・ウィルソン米国大統領が提案した「十四か条の平和原則」、その第14条にあった「国際平和機構の設立」構想をもとに、1920年に正式発足を見ている。42ヵ国が加わって、国際平和の維持を目的とした機関が世界史上初めて誕生した。次いで、締結された 2 つの条約、1926年の「ロカルノ条約」と1928年の「パリ不戦条約」が国際連盟の下、お互いを補完しあう形で密に連携をとりながら国際社会の平和維持を図っていくことになった。

　国際連盟はその構造上、常任理事国を上位としていたが最高意思決定機関は理事会ではなく「総会」による「全会一致」方式を採用した。そのため、一国でも反対があれば動きが取れないなど、執行上大きな弱点を抱えていた。それでも、「国際社会の総意を問う」国際機関が産声を

あげ、最多時には参加が60ヵ国に達していたこと、そして第二次世界大戦中においても細々とではあったが存続し続けたことは、戦後の国際連合創設に大きな土台を提供していくことになったといえよう。またこの国際連盟の創設と並行して、第一次世界大戦の主戦場として辛酸を舐めたヨーロッパでは、平和への希求が広まり、それが汎ヨーロッパ運動となって戦後へと続く欧州統合の先駆けとなる動きも生まれた。

　オーストリアのクーデンホーフ・カレルギー伯爵によって提唱された「汎ヨーロッパ運動」である。第一次世界大戦後欧州では、哲学者シュベングラーの『西洋の没落』に代表される悲観論が席巻していたが、日本人の母をもち、日本生まれのカレルギー伯爵によって提唱された「汎ヨーロッパ運動」が欧州の団結と復権を訴え広く賛同を得ていくことになった。カレルギーは欧州合衆国の設立を段階論をもって具体的に提唱するとともに、各国に汎ヨーロッパ協会を設置して運動を広めていった。それに呼応してドイツのシュトレーゼン外相は戦後の欧州統合の軸となる独仏協調の走りともいうべき独仏協調路線を進め、1926年にはウィーンで26ヵ国の代表が参加した第 1 回汎ヨーロッパ会議を開催するまでになった。しかし、ヒトラーの登場によって運動は挫折を余儀なくされた。だがそれは戦後のEU統合の理念と統合の基本枠組みを提示し、戦後のEU統合の原点となっていった。

　以上に加えて、戦後国際体制再建への 3 つ目の重要な布石となったのは、英米主導による国際通貨体制再建への試みとしての「三国協定」であった。これは戦後の国際通貨体制の根幹を成すドル一極体制の土台を結果的に提供していくことになった。1936年にアメリカ、フランスそしてイギリスの 3 ヵ国が調印し締結されたこの協定は当時不安定であった国際通貨のボラティリティを引き下げるために 3 ヵ国が必要に応じ大胆

な介入政策を約束するという画期的内容を含むものであった。同協定は、為替相場の変動幅に明確な基準も、またその変更に関するルールも、さらには、介入資金の手当てを可能とする相互信用供与システムも有していなかった。その点では為替協定としては不十分さを残していた。しかし、フランの切り下げ、そしてアメリカの平価制度採用と相まって同協定は戦後のドル一極通貨体制に移行する布石として働き、戦後の国際通貨体制を支えるドル基軸通貨への道を開いていくことになった。ポンド退場後の国際通貨体制は、米国も1933年に金本位制を停止するなど基軸通貨のない変動相場制というかつてない混迷状態に陥っていた。三国通貨協定はその弥縫策として結ばれたもので、自ずとその機能に限界はあった。しかし、戦後の国際通貨体制再建の足掛かりを提供していくことになった点で重要な布石となったといえる。

　さらに、国際通貨、金融体制の再建に絡んでは、国際決済銀行（BIS）の設立と機能の仕組みが戦後のIMF（国際通貨基金）等の国際金融機関創設の先駆モデル的なものとしての役割を果たしていくことになった。BISは1930年にドイツの戦争賠償金の返済を名目として設立された国際機関であった。しかし、その後は国際決済と国際金融オペレーションのための主要中央銀行間の協力組織として発展していく。すなわち、資金管理（リザーブ・マネジメント）、外国為替取引、金預金、スワップ・ファシリティーズなどを含む国際金融市場における決済取引上の媒介勘定を有した国際協力機構としての特異な役割を果たしていくことになる。さらに、中央銀行代表が集まるフォーラムを定期的に実施、運営することにより各代表を繋げる場ともなり、それらを通じて国際金融ガバナンスにおける主要中央銀行間の現業協力組織として特異な地保を築いていった。戦後も継続してこの自身の機能を果たし今日に至っているが、その機能と役割の一部は、次章にみる戦後のブレトンウッズ体制の中核機

関としての国際通貨基金（IMF）の設立と機能、あるいは世界銀行（IBRD）の設立と機能に関しての先行モデル的役割を果たしていくことになった。この点でBISの特異な機能と経験が戦後の国際ガバナンスの再建における国際的金融協力体制の組織化に重要な布石を提供していくことになった。

【注】

1 ）ネットワークの外部性とは、参加者が増えるほど参加メリットが高くなる経済効果を指す。

2 ）規模の経済性：規模の拡大に伴い、取引単位当たりのコストが逓減していく効果。

3 ）ロドリックの『グローバリゼーション・パラドックス』参照。ただし、ここではロドリックにそって「グローバル化」としているが、生産関係が地球規模でネットワーク化されてきた今日のグローバル化とは性格が異なろう。当時は国内的には自由主義的国家体制と経済自由主義の下で台頭してきた国際経済活動も自由ではあったが、あくまで国民国家の域内での国境を挟んだ国際活動であり、今日との比較の文脈では、グローバル化の前段階、国際化、と捉えるのがより正確であろう。

4 ）詳細はロドリック『グローバリゼーション・パラドックス』参照。

5 ）1816年にイギリスが金本位法を設定し、「金」との兌換が保証されたポンド建て国際決済ネットワークをつくり出したことに原点がある。

6 ）Polanyi, K.（1944）*The Great Transformation*, Boston: Beacon Press.

7 ）J.B.Say（1767-1832）が唱えた販路法則。"Say's Law" と一般に呼称される。

8 ）Keynes, J.M.（1936/2007）The general theory of employment, interest, and money, など参照。

9 ）円居（2012年）参照。

10）バルファキス（2017年）参照。

11）詳細はFriedman, M. & Schwartz, A.J.（1963年）参照。

12）詳細はFischer（1932年）参照。

13）詳細はBernake（2000年）参照。

14）ケインズ理論である『ケインズの雇用、利子および貨幣の一般理論』は出版
こそ1936年にされたが、1927年の時点で当時のロイド内閣に彼は政策提言と
いうかたちでその理論をとりいれた提案を行っていた。

第3章 戦後ブレトンウッズ体制の成立と展開

1．埋め込まれた自由主義（Embedded Liberalism）による国際体制の再建

　凄惨を極めた2つの世界大戦を未然に防げなかった反省を教訓に、戦後、恒久的平和の実現をめざしてまず国際連盟の後継として国際連合が設立されていく。だが、大戦終結とともに始まった東西冷戦が国際社会を分断し、国連自体が国際ガバナンスの総括機関として十全に機能していくことはできなかった。しかし、米国とソヴィエト連邦という東西2つの超軍事大国が対峙するなか、相互の核抑止力を軸にそれぞれが資本主義経済圏と社会主義経済圏を構築し、陣営内での国際ガバナンスが関係機関の創設を含めて遂行されていくという国際社会の構図の下で、冷戦終結後を含めて70年以上に亘り大戦なき平和は維持されてきた。したがって、戦後の国際ガバナンス体制はこの分断の下でのガバナンスの構築からその展開をみていく必要があろう。ただし、現実には、経済覇権の格差で国際社会は次第に西側主導で展開していくようになる。特に冷戦終了後は社会主義経済圏国家が資本主義体制へと移行していったため、戦後のガバナンス体制の構築と展開はその西側資本主義陣営の展開に焦点をおいて見ていくこととしたい。

　この戦後の、そして冷戦終了後も存続していくことになる西側の体制は、二度と戦争を繰り返さないとするヨーロッパの強い意志と、弱体化

したヨーロッパがソヴィエト共産主義に染まる脅威に立ち向かうためアメリカがモンロー主義から政策転換し、積極的に国際社会の体制づくりに加わっていくとの国家戦略の転換により、パックスアメリカーナの下で構築されていくことになる。戦間期にこそかなわなかったが、ケインズやポラニーらにより示唆された大戦後の荒廃からの復興策として、戦後は、金本位制からの離脱と経済復興、および国際協調に基づく協力体制の構築、それに向けた国際貿易と金融を支える国際金融機関の設立などを含む体制の整備、再建が必須として進められていった。そうした戦後の新たな国際レジーム構築への礎として国際連合が1945年10月24日に発足する。国際協調と平和維持の理念に基づく国際秩序の形成と維持を担うべく設立されたこの国際連合は、その前身の国際連盟の志を受け継いで当初51ヵ国によって設立され、現在までに193ヵ国（2019年3月現在）が参加する世界最大の国際機関となっている。国際連盟からの反省をいかし、総会による全会一致方式ではなく、理事会による決定方式により、より迅速な対応を可能とする一方で、常任理事国にあたる5ヵ国（アメリカ・イギリス・フランス・中国・ソ連＝現ロシア）に「拒否権」という絶大な権限を与えており、国際連合は、第二次世界大戦の戦勝国主導の色彩を強く残すものであった。それ故、国際ガバナンスの総括機関として十全に機能していくことは難しかったが、それでも概ね、国際社会における平和と秩序維持には一定の役割を果たしていくことになった。

　そしてこの国際秩序維持機関としての国際連合の設立の1年前、1944年7月に連合国通貨金融会議が開催され、戦後の国際通貨体制の構築に向けたIMF（国際通貨基金）協定と戦後の復興と開発に向けたIBRD（国際復興開発銀行、通称世界銀行）協定が44ヵ国間で締結され、戦後の国際金融体制の再建・整備が進められた。自由な国際貿易の促進をめざした

GATT（関税と貿易に関する一般協定）も参加21ヵ国間で締結されて、西側資本主義経済圏を包括する経済金融体制がパックスアメリカーナの下で構築されていくことになった。この戦後のIMF協定とGATT協定を二大支柱とする体制は、会議の開催場所にちなんで「ブレトンウッズ体制」と通称されていくことになるが、同会議に参加したソ連は、調印はしたものの批准はせず、東欧諸国を含めてソヴィエト連邦の通貨、ルーブルを決済通貨とするコメコン（COMECON＝経済相互援助会議）体制を創設して西側の経済体制に対峙していくことになった。

　ブレトンウッズ体制の基本目的は、世界恐慌後の1930年代の世界経済の分断、為替切り下げ競争と関税引き上げ競争、そして国際システムの崩壊に象徴された経済ブロック化が悲劇の大戦の素因になったとの反省に立って、安定的な国際金融体制の再建と経済発展の核となる多角的自由貿易の発展に向けた協力体制を整備していくことにあった。その基盤に立って西側資本主義陣営のパックスアメリカーナとしての国際ガバナンス体制が構築されていったといえる。

　東西が対峙する安全保障と経済体制の下で、このブレトンウッズ体制という西側経済圏を包括し、戦後から1970年代まで概ね順調に機能した国際ガバナンス体制（の性格）をジョン・ラギーは、「Embedded Liberalism」（埋め込まれた自由主義）と定義した。それは、国際的には自由貿易に象徴される市場主義体制を志向する一方で、国内的には市場機能補完とその秩序維持のための規制を前提とした自由と民主主義の調和の下での国際協調体制の理念であった。要すれば、戦後から1970代までの国際体制は、国際的には自由貿易に象徴される市場主義経済体制を志向する一方で、国内的には市場機能補完のための規制を前提とするケインズ型経済

体制でのリベラルな福祉国家の実現を志向するという、相反する2つの政治志向を組み込んだ政治経済体制にあった。その下で埋め込まれた「自由主義」体制であったことから"Embedded Liberalism"と性格づけたと解されよう。この体制は、先にふれたロドリックの国際体制の選択モデルに照らせば、「国民経済」と「民主主義」を優先し、「グローバル統合」、すなわちグローバル主義を犠牲にする体制の選択でもあった。これら3つの選択肢のなにか1つを犠牲にしなければ上記の2つの政治志向を組み込んだ体制は維持できない。その犠牲がグローバル主義であったわけだが、後にそのグローバル化の進行により体制の矛盾が拡大して体制の維持が困難化していくことになる。

　すなわち、戦後四半世紀は体制の安定が続いたものの、1960年代半ば以降に米企業の多国籍化が進み始めて自由な資本交流が広まっていくと、内と外との政策志向のギャップが拡大してこの戦後の体制は空洞化していくことになった。しかし、1970年代まではまだグローバル化の前段階としての国際化が本格化し始めた時期で、それ故、1971年8月15日のニクソン・ショックに象徴される戦後のブレトンウッズ体制の自壊までは、ラギーの定義に見るような体制の下での国際協調を旨とする国際ガバナンス体制がパックスアメリカーナの下で概ね安定的に推移した。19世紀の帝国主義の崩壊後の混乱を経て、米・ソという2つの超大国が核の脅威をバックに世界を2つに割いた2極時代にあっても、西側諸国では国際協調の体制が機能、継続して東側社会主義経済社会を凌駕する経済成長を遂げていくことになる。

　そのガバナンス体制の特質と展開を見ていく前に、ブレトンウッズ体制設立前後の国際政治、安全保障環境を概観すると、人類の悲願であった国際平和機関の創設として国際連合が発足したのは先にふれたとおり

である。またそれが 2 つの超大国と冷戦構造の狭間で世界をリードして
いく総括機関としての役割を十分に果たしていけなかったのも事実であっ
た。そうしたなかで米英主導の下、1949年に北大西洋条約機構（NATO）
が結成され、（米国はもとより、西ヨーロッパにおいても）脅威の第一が共
産主義にあることが明確化された。NATOの初代事務総長を務めたヘ
イスティングス・イスメイの言葉、"Keep the Soviet Union out, the
Americans in, and the Germans down."（アメリカを引き込み、ソ連を
締め出し、ドイツを抑え込んでおく）に凝縮されているとおり、西欧にお
いてはソヴィエト共産主義圏拡大の懸念は切迫した脅威となっていた。[2)]

　時を同じくして東アジアでは、1950年に北朝鮮軍が事実上の国境線で
ある北緯38度線を破って南下を開始すると、南北朝鮮の背後で支える米・
ソの威信をかけた代理戦争が開始された（朝鮮戦争）。その後、北朝鮮
軍の南下侵攻と、国連軍（事実上は米軍）と韓国軍の押し戻しを経て、
北緯38度線で膠着状態に入り、1953年 7 月、その38度線を停戦ラインと
する停戦協定が調印されるまで戦闘が続くことになる。それは、停戦に
とどまり、終戦協定ではないため、70年たった今日までも世界に暗い影
を落とし続けている。

　また中国においては、中国共産党との内戦で敗れた蔣介石率いる中国
国民党が台湾に逃れる一方、本土では中国共産党率いる中華人民共和国
が1949年10月 1 日に誕生する。東アジアを含めて戦前は大国間の勢力均
衡で保たれてきた国際社会の構造が一挙に流動化し始めるなか、米国は、
東側陣営に対し、脅威におびえる国々をアメリカが守ることを宣言し、
ベルリンの壁に象徴されるように物理的にもイデオロギー的にも東西の
対立構図が先鋭化していった。さらにNATOへの対抗策として結成され
たワルシャワ条約機構という軍事同盟の対立構図の下、世界各地で起こ
る内戦への支援と干渉が続き、西、東、ともにお互いの圏域拡大を狙っ

て亀裂を深めていった。

　一方、ロシアと中国に見るように社会主義国家間では、必ずしも同じ共産主義の教理を仰いだわけではなかったため、西側諸国が掲げる資本主義体制ほど一体感はなかった。しかし、東側陣営の二大国が同じ社会主義体制をとる国家同士として成立したことで、国連の常任理事国内でも東西の乖離が生まれ、そのため冷戦終結まで、国際社会の総意を反映した合意や協調とは程遠い厳しい現実のなかに国連は置かれ続け、代理内戦や地域紛争が継続していくことになった。

　そうした軍事的、安全保障上の緊張状態が続くなか、西側陣営では、戦後の経済復興がブレトンウッズ体制の構築と展開の下で精力的に進められていった。盟主アメリカが19世紀前半より貫いてきたモンロー主義を捨て対外介入策に転じ、欧州の自立と経済復興を中心に西側陣営の戦後復興が進められていった。その復興策の中核となったのが、当時の米国務長官Ｊ・マーシャルによって提唱されたマーシャル・プラン（ヨーロッパ復興プログラム）であった。1947年にハーバード大学で当時、米国務長官であったジョージ・マーシャルが行なった記念講演会のなかで表明されたこのプランは、1948年から1952年にかけてヨーロッパ16ヵ国に支援額計170億ドルを即座に無条件贈与し、欧州の復興を強力に支援するというものであった。[3] 欧州側では、その援助の受け入れ機関として欧州経済協力機構（OEEC）が設置されていく。それが欧州支払い同盟（EPA）などとともに、後の欧州共同体（EC）のベース機構となるEECの結成にも繋がっていくことになった。

　このマーシャル・プランに代表された大胆な支援と積極的な対外介入に現れた米国の西側盟主としての姿勢、そして国際市場において自国通貨であるドルを基軸とする金融システムの構築を進めたことが資本主義

の存続と開放的な自由市場への扉が閉ざされることなく、逆に大きな経済発展の礎となっていった。前世紀からの国際協調の理念も少なくとも西側陣営においては受け継がれ、それが国際ガバナンス体制としてブレトンウッズ体制を通して実現していくことになった。そして、両陣営における核の存在が絶対的脅威となった特殊な環境のもと、その圧力が生む強制力が結果的に暗黙の結束となって西側陣営に参加した西ヨーロッパ諸国に繁栄をもたらす一因ともなっていったとみられる。また、後にベルリンの壁が崩壊するまで両陣営を脅かし続けた「核戦争」の脅威も、結果的には直接的な東西の軍事衝突にさらされる確率を下げ、それが結果的に余計な防衛に費やすこともなく経済復興に専念できる余裕を西ヨーロッパに与え、その復興と繁栄を支えて協調を促進していくことにもなった。その最たる例が、フランスの外相（当時）シューマンによって提案されたヨーロッパ石炭鉄鋼共同体（ECSC）の発足であろう。（独仏間の相互利益となるよう）経済利益の共有を軸に、かつ戦争を支える武器の原料としての鉄とエネルギー源としての石炭の産地領有をめぐる戦争要因の除去を意図して立案されたこのプランは、戦後の欧州統合への歩みの源流となっていった。

　そのヨーロッパ統合の発展に関し、ホフマンは政治分類による２つの統合プロセスの可能性を論じた。すなわち、より平易な統合プロセスとしてのロウ・ポリティクス（農業や貿易などの統合）と、より難易度の高いハイ・ポリティクス（外交や安全保障などの統合）に関するレベルでの統合プロセスの発展の可能性である[4]。ホフマンの指摘通り、ロウ・ポリティクスに代表される経済面の統合は、年月をかけて確かな進展をみせた。その一方で、ハイ・ポリティクスに分類される事項での統合は遅々として進まなかった。戦争の禍根がまだ色濃く残るなかで、ヨーロッパ

内で安全保障分野における統合問題はあまりにセンシティブであった。これは、米国が進めていた西ドイツの再軍備に脅威を感じていたフランスが、当時、首相だったルネ・プレヴァンが提唱した汎ヨーロッパ防衛軍組織構想で対抗を試みたことからもうかがわれる。

　欧州防衛共同体（EDC）として提案されたこの構想は、加盟国部隊は出身国の指揮を受けることとする一方で西ドイツだけはEDCの指揮に従うと規定していた。EDCは、共通の予算と共通の武器と制度によって構成される防衛共同体とされており、発効していれば実質的に欧州における初の超国家軍設立と成りうる試みであった。フランスが提案したこの構想のもと1952年に欧州防衛共同体（EDC）条約は調印まではこぎつける。しかし、1954年に議会の批准に付されていく頃には法案の内容は当初のプレヴァン案から大幅に修正され、欧州軍としての内容はそぎ落とされ、指揮系統は防衛軍作戦責任者にNATOの最高司令官を当てるなどが盛り込まれ大幅に修正されていった。骨抜きにされた妥協案ではフランスの主権や憲法に基づくフランス共和国の不可分性が侵されると懸念したド・ゴール主義者らの反対により、結局提案国であるフランス自身が議会の批准に失敗してしまう。さらに、もともと欧州軍の設立そのものに消極的だった米国、超国家軍の要素を減らすことを条件に参加するとしていた英国、両国の姿勢もあって、EDC構想は発効には至らずお蔵入りとなった。代わって1954年には西欧同盟（WEU）が結成されたが、これは同盟とは唱和されたものの、実際は対ロシア軍事同盟として結成された北大西洋条約機構（NATO）のもと、安全保障分野のほぼすべてを米国に頼ることを前提としたもので欧州の（軍事）同盟としての具体的役割を果たすことはなかった。しかし、当時の西欧にとってそれは痛手とはならなかった。NATO傘下で負担少なく軍事的脅威から守られた西ヨーロッパは経済復興に専念できることになったからである。

　安全保障については、その後もフランス（シャルル・ド・ゴール大統領）により、フーシェ・プラン（今度は外交政策の共同化を進める政治的国家連合の創設案）が検討されたが、これはオランダの拒否権行使により棄却されてしまう。ようやく1970年代に入り、欧州政治協力体（EPC）を立ち上げるが、これも形だけの要素が強く、特に具体的成果を残せたわけではなかった。こうした欧州内部の分裂状況に対して米国務省筋もその状況を"Who do I call if I want to speak to Europe?"（ヨーロッパには一本で通じる電話がない）と揶揄するような目で見ていたと言われる⁵⁾。だが、こうした多様な立場を尊重しつつ超国家軍や超国家外交政策担当の創設に向けて粘り強い協議を続ける姿勢こそヨーロッパの統合の理念に貫かれた政治的統合を具現化するのに不可欠のプロセスであった。経済統合をベースとした地道な政治協力の積み重ねと相まって、やがては「共通外交・安全保障政策」（CFSP）や2009年に設置された「外務・安全保障政策上級代表」「常設軍事協力枠組み」（PESCO）などヨーロッパの統合外交・安全保障政策の体系的整備を具現化することへと繋がっていくことになる。

2．パックスアメリカーナの中核としてのドル体制の骨子と展開

　以上のような国際政治・安全保障環境の下で、戦後の（西側圏の）国際ガバナンス体制がその基盤となる国際経済と金融体制の再建を通じて整備されていくことになる。既述のように、ラギーが"Embedded Liberalism"＝「埋め込まれた自由主義」と要約したブレトンウッズ体制の確立である。その特質を、まず構築の経緯からみてみたい。

　20世紀に入って19世紀帝国主義の終焉と覇権国の交代が急速に進むな

かで、経済体制の要となる国際基軸通貨も英ポンドから米ドルへと着実に転換していた。S・ストレンジ（1988）はこの過程を金融力学の構造転換として捉え、金融構造に着目した政治経済学の文脈から体系的解釈を提示している[6]。それに沿って振り返ってみると、まず1930年代の先行的展開だが、この時代においては移行期にあったとはいえ帝国主義（英国の覇権）がまだ顕在であった。その理由の一つは、当時の通貨圏（英ポンド＝スターリング圏）の安定からもみてとれる。米国が当時抱えていたスターリング問題は、「ドル・プール制度」により、対米輸出で英国以外のスターリング圏諸国が稼いだドルは英国にプールされる一方で、英国以外のスターリング圏諸国が対英輸出で稼いだポンドは、スターリング圏域内でしか使用されないというシステムにあった。これにより、第二次世界大戦以前の世界では、対米決済へのドルの使用に関し、著しく制限がかかる仕組みができ上がっていた。このスターリング圏がある限り、ドルの国際市場への拡大も結果的に制限されてしまう。それが米国にとっての「スターリング問題」であった。だが、連続した2つの世界大戦を勝ち抜くなかで、イギリスの負荷は国力のキャパシティーを超えていく。戦中の軍事支出＝防衛費は最大で政府支出総額の80％を超え、名目GNPに占める中央政府歳出額の割合も1942年から1944年にかけて6割弱にまで増加していく。戦費調達にあえぐ英国に対し、米国は軍事援助ならびに金融援助を提供し、見返りとしてスターリング圏の為替制限を撤廃させるよう働きかけた。これにより英国はドルとポンドとの自由な交換性回復に同意せざるを得なくなる。スターリング圏の為替制限撤廃により、第二次世界大戦前までみられた変動相場のポンドを軸とするスターリング圏とドル圏に分極していた世界市場は統合化されていき、戦後はドル一極体制のもと、ドルは、固定為替制度を旨とするブレトンウッズ通貨体制における基軸通貨となり、その地位を確立していくことになる。

　その戦後の国際通貨と経済体制の基本構想を描いたのが、2人のキーパーソン、英国のJ・M・ケインズと米国のH・ホワイトであった。ケインズの思いは、権威をもつ世界中央銀行（クリアリング・ユニオンと呼称）の設立を通じた新たな国際準備通貨（バンコール）の発行をめざすことにあり、新たな国際通貨の創出をもって、国際通貨体制を維持管理しようとすることにあった。だが、新たな国際通貨の創出によって新たな国際通貨システムを確立することと同義であるこの案は、ドル中心体制の確立をめざす米国の思惑とは相容れない構想であった。既述の通り、スターリング圏にとって代わろうと動いていた米国にとって、この案が望ましくないことは明白であり、事実受け入れられずに終わる。

　これに対し提案されたホワイトの案は、米国政府（財務相）の意向に沿うものであり、かつすでにポンドを離れた国際貿易が金本位としながらも実質ドル・ベースとなっていた現状に則した構想でもあった。そしてドルと金による為替本位制（金・ドル為替本位制）に立脚しながらも、ドルにより基準通貨としての大きな役回りを与え、その国際決済通貨を融通する新たな基金の設立を推奨したこの案が、最終的には受け入れられていくことになった。この両案をめぐる攻防は通貨覇権の移転を決定づけるものであっただけに激しいものとなった。そのため、もう一つの有力な通貨制度改革案は議論の影に隠れていくことにもなった。ハーバード大学教授でニューヨーク連邦銀行のアドバイザーでもあったJ・H・ウィリアムズが提唱した「キー・カレンシー・アプローチ」がそれである。それは後の国際金融体制の展開を的確に暗示していた（米倉2002年）とみなされるのみならず、ブレトンウッズ通貨体制の要として創設されたIMFの果たすべき本質的な機能をも明示していた点で重要な改革案であった。このアプローチの要は「中央銀行に代わる国際機関が貸し出

しを行うことを認めるか否か」という一点にあった（米倉、同2006年[7]）。ケインズの新たな世界中央銀行を設立する構想はいうまでもないが、ホワイトの案も参加国が独自に基金を出資して設立するという前提に立ったもので信用供与機能は想定されていない構想であった。一方、第三の道としての「キー・カレンシー・アプローチ」は、三国通貨協定を規範として各国中央銀行の協調体制の下で為替の安定を図ることを主眼とした構想であり、国際通貨の価値の管理、運営が米国から各国中央銀行の協調体に移ってしまいかねない恐れから、この当時は広く検討されるには至らなかった[8]。

　結局、通貨金融体制は、覇権国の通貨を国際基軸通貨とするという戦前のポンドの伝統を受け継ぐ形で、米国の国力をバックにホワイト案に沿って構築されていくことになった。すなわち、金の価値で担保された米ドルを唯一の国際基軸通貨とする金・ドル為替本位制の導入がそれであり、その新たな体制の維持機関の創設を伴った国際通貨・金融体制の構築である。この米ドル基軸による国際通貨体制の創設で多角的自由貿易協定としてのGATTと併せたブレトンウッズ体制の骨格ができ上がっていった。それを具体化したブレトンウッズ協定は、為替協定や関連国際機関の機能や目的を多角的な条約に基づいて明確に規定していった。国際通貨体制の中核となる為替協定では、金・ドル為替本位固定相場制度が採用された。基軸通貨ドルの価値を「金１オンス＝35米ドル」と定め、その金に価値固定した米ドルに対して各国が自国通貨の価値を固定して維持していくというシステムがそれであった。米国は、参加国に対してこの金１オンス＝35米ドルで無制限にドルの金兌換を保証するという形でドルの価値を担保した。以来、米ドルは"as pure as gold"として高い信用をかち得ていくことになった。同時にこのドルを基軸通貨

とする固定相場制の成立は西側経済圏がドル経済圏に変わったこと、それに立脚したパックスアメリカーナの通貨・金融体制が確立したことを意味していた。

　この為替協定と並行して、通貨・金融体制の安定と維持を支える国際機関としてIMF（国際通貨基金）とIBRD（国際開発投資銀行）が創設されていくことになった。IMFは国際通貨体制の維持機関として、そしてIBRDは各国中央政府のまたは同政府から債務保証を受けた機関に対し融資を行う戦後復興と途上国の開発融資を供与する国際機関として創設され、体制の安定的運行を支えていくことになった。IMFの具体的な業務内容には、為替相場の安定支援の他、加盟国の為替政策の監視（サーベイランス）、高水準の雇用と国民所得の増大、融資などマクロ経済政策上のアドバイスや勧告なども含むものであった。

　この新たな国際通貨・金融体制は、第二次世界大戦前の国際金本位制（実質的には国際金本位・ポンド為替制）に比して次の2つの点で大きく異なっていた。一つは、戦前の通貨体制は参加国が国内的にも金本位制に立脚したものでポンド自体もその金本位制の範疇で国際決済通貨として機能していた。それに対し、新たなドル体制は、各国が金本位制から管理通貨制に移行したなかでの「金・ドル為替本位制」であり、国際決済手段はドルが主役であり金は米国がドル価値の国際的信用の担保として政府間においてのみ定額でドルとの無制限兌換も認めたものに過ぎない仕組みとなったことである。第二に、ポンド体制は金本位制の自動調整ルールを含め国家の介入に縛られない市場原理に立脚するシステムであったが、新たなドル体制は、資本流出入規制や為替相場維持のための介入の義務づけ、その原資の相互ファシリティシステムを伴い、その国際運営機関を設けた一定の管理を伴うシステムであったことである。

　このように、国際貿易におけるGATT協定を含めてブレトンウッズ体制は、国際ルールと国際協調、そして監視に立脚して、戦前の市場原理主義に立脚したレッセフェールに代表される「自由放任主義」ではなく、「規律と秩序をもった国際社会」の実現へ向けた国際金融経済体制の組織化であったことに大きな特徴があった。先にふれたロドリックの国際体制の選択モデルの文脈から要約すれば、国民国家（主権国家主義）体制と民主政治、および国際経済統合の3つを同時に実現することはできない。どれか一つを犠牲にしなければならない。戦前は国際金本位制という「黄金の拘束服」で国際均衡を優先させ、その枠組み内で「国際経済統合」と「国民国家」を優先させ、民主政治を犠牲（抑制）にする体制選択に特質があった。

　これに対し、戦後のブレトンウッズ体制は、「国民国家」と「民主政治」を優先させ、「国際経済統合」を犠牲（抑制）にする（国際協調によって適切な秩序管理を行う）体制をとった点で大きく異なっていたといえよう。換言すれば、その中核に資本規制を伴う金・ドル為替本位固定相場制を据え、その枠内での自由貿易の推進という形で国際均衡優先ではなく国内均衡を優先させて「国民国家」と「民主政治」の発展をめざした体制選択であった。具体的には、国際的には共通ルールに基づく国際経済と市場の国際協調管理でやみくもな経済の国際化を抑え、国内的には自由放任ではない民主政治に基づいたケインズ型経済政策運営でリベラルな福祉国家の実現を目指すものであったと言えよう。ラギーが"Embedded Liberalism"とその体制の特質を要約した所以でもある。

　この"Embedded Liberalism"の国際政治経済体制は、戦後四半世紀にわたって概ね順調に機能していった。しかし、米国の圧倒的覇権を前提とした米ドル基軸の国際通貨体制を中核とするその体制は、米国の覇

権、特に経済覇権の相対的低下とともにドル基軸通貨体制に潜在した機能上の問題を次第に浮上させてその動揺を招いていくことになる。

　戦後ブレトンウッズ体制下、アメリカも1960年代後半に差し掛かるころには、徐々にその絶対的な地位の低下がちらつき始める。マーシャル・プランの支援を軸とする欧州の戦後復興への費用負荷と引き換えに、ドイツ、日本など先進国経済の戦後復興が加速し、米国の相対的な経済力および国際競争力は低下していった。加えて、軍事力（戦艦数、核の保有数、など）では群を抜く存在を維持しつつも、その軍備維持および宇宙開発にかかる莫大な費用、さらに60年代後半から本格的に泥沼化していったベトナム戦争と、米・ソの軍拡競争が重なって財政支出はうなぎ上りに拡大を続けて国庫とアメリカ経済を圧迫していくことになった。[9]

　その展開をドルの信認低下の文脈から少し仔細に見てみると、日欧のキャッチアップが進み始めるなかでの「偉大な福祉国家の実現」という国内政策の負担に加え、ベトナム戦争の戦費の急増というダブルパンチが経済を圧迫し、1960年代末には国内生産力が国内需要を賄いきれない状態に陥っていく。その結果、米国の貿易収支は戦後初めて赤字に転じ始める。貿易収支の黒字の急速な縮小から赤字化への転落は、米国経済が全体としてその総支出（戦争負担を含めた総需要）に生産力（供給力）が追いつかなくなり、外国からの輸入で賄うようになってきたことを意味していた。それに加えて1960年代にかけては企業の国際化としての海外進出（直接投資）が広がり始める。貿易収支にサービス等を加えた経常収支はまだ黒字を維持してはいたが、この直接投資というドル資本の海外流出を加えた、いわゆる基礎収支では50年代からすでに赤字基調に転じ、60年代以降、特に後半以降赤字の拡大が加速していった。この赤字の増加は、ドルの海外流出、つまり海外ドル残高の増大とその過程での海外

表4　米国の金保有高の推移（金額ベース、金1オンス＝35ドル換算。単位百万ドル）

年（年末）	保有高（残高）	保有額増減	年（年末）	保有額（残高）	保有額増減
1955年	21,753	−40	1964年	15,471	−125
1957年	22,853	＋799	1965年	13,806	−1,665
1959年	19,507	−1,075	1966年	13,235	−571
1960年	17,804	−1,703	1967年	12,065	−1,173
1961年	16,947	−857	1968年	10,892	−1,173
1962年	16,057	−890	1969年	11,859	＋967
1963年	15,593	−461	1970年	11,072	−787

出所：Federal Reserve Bulletinデータより筆者作成

諸国からのドルの金交換請求による米国の金保有高の減少を意味していた。実際、終戦直後には世界の金の過半を保有していた米国の金残高は1950年代末から毎年減少に転じている。表4に見るように、その保有高は1950年代半ばから60年代末には半減している。またこの間、基礎収支は、1940年代の年平均900百万ドル弱の黒字から1950年代には同1,600百万ドル規模の赤字に転落し、さらに60年代後半にはそれが2,300百万ドル強の赤字に拡大している。[10]

　通貨体制の中核は、米ドルを定額金1オンス＝35米ドルで価値保証した米ドルと金の無制限の兌換にあった。しかし、海外ドル残高（＝各国の金兌換請求権を持った対米債権）が累積する一方で金保有の減少が続けば、金ドル為替本位制はドルの金交換性が不可能となって機能しなくなる。それは誰の目にも明らかとなり、米国は金兌換を渋り始める一方、欧州は、米国のバター（国内経済拡大策）と大砲（ベトナム戦争継続）政策を是正して国際収支の改善を図りドル価値の維持に努めるよう米国に強く求めて対立が深まっていった。

　一国の通貨を唯一の基軸通貨とする通貨体制は、基軸国の国際収支規律が維持されなければ、あるいは基軸通貨国がそれをできなくなれば維持できなくなる。既述の戦後の通貨体制をめぐる論議においてケインズが一国の通貨ではなく国際決済通貨としての「バンコール」の創設を唱えたのもドル覇権体制の回避ないし抑止という英国の通貨外交の事情に加えて、こうした機能上からの問題を見越したものであったとみられる。このケインズの提案が通らなかったことは既述の通りだが、その意図はその後、IMFはドルの補完としてのSDR（IMF特別引出権）の創設という欧州からの提案に一部反映していくことになる。いずれにしても、この金・ドル為替本位制を中核とするブレトンウッズ体制は戦後四半世紀を経て抜本的な枠組みの転換か大幅な修正を余儀なくされる状況に陥っていくことになった。

3．規制緩和がブレトンウッズガバナンス体制の崩壊を助長

　1971年8月15日、ニクソン米大統領は、「今後、金ドルの交換性を停止する」とともに「ベトナム戦争を終結させ中国との国交を開く」という声明を発表、その唐突の声明は世界に衝撃をもたらした。しかし、一見唐突ではあったが、米国は、欧州からドル価値の安定に向けた国際収支の改善策（国内景気の抑制とベトナム戦争の停止による負担削減）を強く求められ、改善策に踏み切らなければ保有ドルの即時の金交換を特にフランスを筆頭に強く迫られていた。米国の金の保有高は表4で見たように大きく減少しており、欧州が保有する海外ドル残高を1オンス＝35米ドルの兌換率で兌換できる状況にはなかった。ニクソン声明は米国の選

択肢が、求められる国際収支の改善策に踏み切るか、覇権国の威信を象徴するドルの大幅切り下げに甘んじるか、2つに1つの選択肢しか残されていない状況での不可避の選択であった。

　国内経済の抑制調整は政権基盤の崩壊に繋がりかねないため選択はできず、結局、ベトナム戦争の終結と米ドルの直接の切り下げを避けるための金・ドルの兌換性停止の選択となった。ここに、戦後四半世紀続いた金・ドル為替固定相場制度は崩壊した。金・ドル兌換保障により構成された通貨体制であったが、その米ドルが金の価値担保から離れ、信用通貨に変質したからである。ただし、一方で、ドルに代わる国際通貨は存在しなかった。国際商品市場の建値としてのドルは広く根づいており、ドルを中心とする国際決済システムもでき上がっていた。世界の経済取引における表示、決済通貨としての機能を含めて米ドルは圧倒的な世界唯一の交換通貨であり、金融市場もドルをベースとして機能していた。戦後四半世紀にわたり積み上げてきたドルの「慣行」実績に変わり得る国際通貨はまったく存在していなかった。

　結局は、その現実の下で、制度の修復が同時に進められていくことになる。最初の試みは、声明発表の同年12月におけるスミソニアン協定である。ワシントンのスミソニアン国立博物館内の会議場で開催されたこの会議では、金・ドルの兌換性停止を前提に、ドルと参加国の為替相場を再調整して、固定制に復帰しようとする協定が締結された。この際、ドルの切り下げではなく、ドイツ・マルクや円などの対ドル相場の切り上げという形で米国の面子を保ちつつ通貨調整が行われた。しかし、累積してきたドルの過大評価を調整するに十分な調整幅には程遠く、年明け後すぐに市場のドル売り投機の波に飲み込まれる形で協定は行き詰まり、ドルを実質的な基軸通貨としながらも変動相場制に転換していった。

"as pure as gold" と称されたドルの金による価値保証は完全に失われ、金がもってきた国際決済手段としての特異な役割も外されたことで金自体も一つの貴金属商品に戻り、ブレトンウッズ体制の中核としての通貨システム、金・ドル為替本位制はその体制機能上の役割を終えていくことになった。ストレンジはこの変動制への転換を、"Non-System" への転換と位置づけ、米国の「構造的力」の低下と、当時の西ドイツや日本の「相対的力」の上昇の文脈からその後の国際金融市場と国際関係の展開を分析している。この点は後段で見ていくとして、ブレトンウッズ体制の運行中核システムとしてのその国際通貨体制の崩壊は、米国の後退とブレトンウッズシステム全体の、そしてそれに立脚した戦後の国際協調ガバナンスの瓦解の始まりを象徴する出来事となった。

　特に国際政治力学を含めて「力」の源泉となる経済力の相対的低下は構造的な様相を呈し、その政策もそれを裏づける思想も根本的に転換していくことになった。構造的な様相、それは、経済の不況下でも物価が上昇するというスタグフレーションの進行であった。70年代までの偉大なリベラル福祉国家に向けた理論基盤となり、経済学の主流にあったケインズ経済学、そのモデルにいう「失業は国内の生産物に対する過小な需要の結果としておこるもの」では説明できない事態の勃発であった。矛盾を整合できないどころか、その裁量的な財政金融政策こそが経済の不安定化をもたらしているとして、ケインズ離れが起こるとともに、経済学会は再び古典派経済学に解を求めたサプライサイドの理論模索と完全市場モデルに回帰していくことになる。[11]

　「ブレトンウッズ体制の成功には、その崩壊の種も含まれていた。世界貿易と金融取引が拡大するにつれて、現行の規制がもたらす「政策余地」は縮小していき、外部からの制約が大きな役割を担うようになって

きた。―中略―1970年代には、資本規制を支持する信念体系も薄れ始めていき、その後数十年は、自由化の必然性と資本移動の利益を強調する別の物語に取って代わられることとなった。まさに貿易と同じように、自由な資本移動を中心とする、より深い統合の実現という政策目標がブレトンウッズの妥協に取って代わることになったのだ」（ロドリック2014、p125）。このロドリックの端的な要約にも見る通り、この後、大きな政府と介入主義を否定した流れが主流となっていく。そして、ケインズが予期した通りに、貿易量の増加とともにすべての国際取引を広範にわたって監督することが叶わなくなり、政府が資本規制を実施することもますます難しくなっていった。そして経済学の教科書にもない不況とインフレの併進という事態に政策対応が行き詰まるなか、経済の管理から自由化への一大政策転換が進んでいくことになる。特に金融の自由化がもたらす果実を最大限享受できる立場にいたウォール街とロンドン・シティの二大金融センターは、この動きを内外から後押しした。

　その政策転換への嚆矢となったのが、1973年5月のメーデーに実施されたニューヨーク証券市場の証券手数料の自由化を核とする証券市場の自由化であった。1929年の恐慌に至ったバブル生成の主犯として、証券・銀行はグラス・スティーガル法（証券・銀行業の分離）や銀行の州際業務の禁止、金利規制を含めて強い規制下に置かれてきていた。証券業の収益の中核であった証券手数料も固定手数料の下で自由な競争を制限されてきていた。そうした規制は、金融業ほどには厳しくなくとも、トラック、航空運輸業、通信業を含めて市場の失敗を補完する視点から広く行われていた。だが、スタグフレーションの処方箋を描けないという意味でケインズ経済学の裁量政策には疑念が高まる一方で、余計な規制を除き市場メカニズムが働きやすくすれば経済は再起動に向かうとのマネタ

リストたちの主張が次第に勢いを得ていくことになった。議会や政策当局者たちは当初、その主張に必ずしも同意したわけではなかった。しかし、規制緩和や自由化が八方ふさがりの米国経済・社会にとっての1つの突破口になるのでは、との期待感が醸成されていった。ニューヨーク証券市場の自由化がその最初の動きとなったのは、60年代から年金基金などの大手機関投資家から、固定手数料の自由化を求める声が日増しに高まっていたことにあった。[12]

　その自由化が経済および景気の回復に直接的に寄与したわけではなかった。だが、金融業界においては予想以上の構造変化を呼び覚ますことになり、さらには英国の金融大改革、いわゆるビックバンに至る世界的な金融自由化と革新の流れをも呼び起こしていくことになった。証券手数料の自由化は、証券業界の生存を左右するものであり、新たな生存への道として新金融商品の開発による銀行業領域への進攻などが進んだ。それを受けて、銀行は自らを縛る厳しい規制の撤廃を求め、新たな規制逃れの商品を開発して、それらを規制のない国際金融市場であったロンドン国際金融市場で試し、国内市場へ逆輸入する形で規制逃れを進めていった。規制当局もそうした変化に対応せざるを得なくなり、後に、"Deregulation革命"と呼称される金融革新と市場の自由化が進行していくことになる。その流れは、トラックや航空などの運輸業界など産業界の規制自由化にも広く波及していくこととなった。経済思想上も、マネタリズムに始まる古典派回帰、サプライサイド・エコノミックス、合理的期待形成学派等の登場を含めて、古典派の市場原理に新しい衣だけを追加した新たな古典派経済学へと傾斜していった。それは、自由競争を旨とする新保守主義と結びついて規制撤廃を世界的に広めていくことになった。

　この間、ブレトンウッズ体制のもう 1 つの柱であった貿易の管理についてはどうであったか。その推移を見てみると、安定的で実現可能な為替レートの達成にむけた国際通貨制度の改革と相まって、より広範な貿易の自由化に向けて1960年代を通してGATT体制が進んだ。GATTは、国際機関としては不足していた 3 要素（すなわち、総会、理事会、事務局）を設定し、国際機関としての機能を整備していった。もっとも、そうした整備を含めて基本的にアメリカ対ヨーロッパの構図で進められるラウンド交渉（GATT多国間通商交渉）に加盟している第三国は、その構図の下での交渉の決定に従うという形であり、それもアメリカが主導するものであった。しかし、日欧、特に日本のキャッチアップが加速し始める1970年半ば以降にかけては、その主導力が減じるとともに、米国は次第に保護主義的通商政策に転じはじめ、国内的規制緩和の政策展開とは裏腹に、貿易制限への志向が強化されていく。それは、国内規制の自由化とは矛盾する展開であるとともに、資本取引の規制と自由貿易の推進というブレトンウッズの国際協調管理体制とも矛盾する政策転換であった。それだけ米国は経済的余裕を失っていたといえよう。

　GATTの基本テーゼであった「多角的自由貿易」の原則も保護貿易への傾斜が進むにつれ「 2 国間主義」へと変質していき、 2 国間交渉の広がりのなかでGATTは形骸化していく。それは、後にその発展形としてWTO（世界貿易機関）という国際機関に組織替えされていっても流れは変わらなかった。西と東に境界がひかれた世界から1991年に起こるソヴィエト連邦崩壊（社会主義の終焉）に至るまで、実に半世紀続いた冷戦構造下での西側世界での国際ガバナンス体制、その変容は、ニクソン・ショックで始まった70年代以降、米国経済の絶対的存在感の薄らぎと日欧経済のキャッチアップの進行でブレトンウッズ体制の中核が崩れ、規制

緩和の広がりがその空洞化を助長して国際協調体制自体も空洞化していくことになった。

　それでも英ポンドの衰退期のように、国際体制とそのガバナンスがアナキーなガバナンス危機には陥らず、西側の資本主義体制が社会主義経済圏を凌駕していく形で冷戦の終結を迎えていくことになる。それは、米国の相対的力の衰退は進んだが、軍事、経済を含めてそのストックとしての構造的力は依然として他を圧しており、ドルが実質的に基軸通貨であることにも変わりはなく、ブレトンウッズ体制の遺産として国際ガバナンス体制を機能させてきたことに因っていよう。実際、1970年代以降心配されてきた市場におけるドルの信認低下も、世界のドル体制からの転換を招くまでには至らなかった。むしろ国際貿易においては、より多くの政府と市場アクターによって、米ドルは、表示通貨、交換媒介と価値の保存のための国際通貨として使用され、資本をドル建てにすることが選択され続けてきた。

　この間、ブレトンウッズ通貨体制の維持機構として存在してきたIMFも、固定相場制の終焉に伴ってその固定制維持のための支援機構としての主業務を失っていったが、経済・金融危機に陥った国への融資、政策アドバイス業務に軸足を移して"Non-system"の下でドル体制を支えてきた。また主要中央銀行の協力・協議体として機能してきたBIS（国際決済銀行）も、金融危機の際に現場の視点から超短期の橋渡し融資を含めてIMFとの協調で金融市場の安定に寄与してきた。BISはこの他、金融市場のプレーヤーである銀行の健全性管理の面からも目立たないながらも重要な役割を果たしてきた。

　こうした機関での主導的地位を含めて、米国はストレンジが定義した

ような構造的パワーを維持し続けてきたことが、パックスアメリカーナ
の下での国家間の国際調整や協調の枠組みを、崩れ行くブレトンウッズ
体制への修復などをともないながらも維持させてきたといえよう。ただ
し、そうした構造的力のレベルは相対的パワーの変化の累積によって変
化してくる。それに加え、80年代以降、米国のレーガン大統領、英国の
サッチャー首相に代表された新保守主義革命、それは規制撤廃による市
場機能の信奉を旨とする新古典派経済学の理論に立脚した思想に他なら
なかったが、その政策志向として規制の自由化、緩和が世界的に推し進
められていくことになった。皮肉にもそれは米経済の復活を促すことに
は繋がらない一方で、米産業の国際化を加速させ、企業と市場の国際化、
そしてグローバル化を大きく促していくことになった。それが、産業の
空洞化を含めて米国の相対的パワーの低下を加速させただけでなく、国
際ガバナンスとその力学構造に、国家に対峙する新たなプレイヤーの台
頭を地均ししていくことにもなった。その意味で規制緩和がブレトンウ
ッズ体制に基づく国際協調ガバナンス体制の終焉と、国家を唯一のプレ
イヤーとする従来型の国際関係とそのガバナンスの構図の終焉を主導し
ていくことになったといえよう。

【注】

1）詳細は、Polanyi, K.（1944）"The Great Transformation" および野口建彦
　　（2011年）参照。

2）LORD ISMAY より引用。

3）OECD, The "Marshall Plan" speech at Harvard University, 5 June 1947,
　　参照。

4）詳細は、Hoffmann, S.（1966）参照。

5）※注：この有名な比喩表現は、一般にはキッシンジャーの言と捉えられてい
　　るが、実のところこのような発言をしたわけではないことも明らかになって
　　いる。詳細はFinancial Times（2009）Gideon Rachman, 'Kissinger never

wanted to dial Europe', 参照。

6) Susan Strange (1988), States and Market: An Introduction to International Political Economy, London, Pinter Publishers.

7) 米倉（2006）より引用、参照。

8) 同上。

9) Galbraith, J.K.（1973）参照。

10) 基礎収支の推計は、滝沢健三（1975）による（原データはSurvey of Current Business, June 1968 & June 1971.)。

11) ※注：こうしたケインズ批判の先頭に立ったのが、フリードマンたちマネタリストである。古典派の自由放任と予定調和の理論に依拠した彼らは、その延長戦上でサプライサイド経済学を展開。すなわち、完全市場を前提とすればあらゆる政府の裁量政策は無効となり、ケインズ・モデルはまったく役に立たないとした。

12) こうした規制緩和への経緯は、"*Economic Report of the President*, February 1975"等参照。

第4章　ブレトンウッズ体制の姉妹軸としての欧州統合の展開

1．戦間期ヨーロッパに生まれた平和への理念と超国家構想という希望

　今日のEU（欧州連合）に繋がる欧州統合への動きは、第二次大戦直後のECSC（欧州石炭鉄鋼共同体構想）の創設からスタートした。第二次大戦で疲弊した欧州の復興は、冷戦の始まりのなかで西側社会にとって焦眉の急務であった。終戦直後の1946年9月に早くも、当時の英首相チャーチルによって欧州の復興と復権に向けた「欧州合衆国構想」が提案される。それは、戦間期に芽生えた「欧州合衆国構想」の理念を踏まえたものではあったが、提案はその理念の下での機能的協調を旨とするもので、その後の欧州共同体の形成にみられるような国家の域を超えた制度的統合までを想定したものではなかった。この当初の構想は、チャーチル自身の政治的失脚を受け頓挫していく。しかし、その翌年、1947年には欧州の復興に向けて米国が「欧州復興計画（マーシャル・プラン）」を提示し、大規模な復興援助が始まるとともに、ベネルクス3国による関税同盟の発効や欧州決済同盟（EPA）の創設など欧州域内での経済協調のベースが整えられていく。そうしたなかで提示されたのが、フランス外相ロベルト・シューマンによる「欧州石炭鉄鋼共同体構想」であった。独仏間の石炭と鉄鋼を共同管理の下において戦争を支える物理的要因を除き経済復興を進めることを意図したその構想は、戦間期から育まれてきた平和の希求にも合致するものであった。独仏協調をベースとするこ

のECSCの発足は、その後に続くEEC（欧州経済共同体）とEAEC（欧州原子力共同体）の創設へと発展し、それらを統合した欧州共同体（EC）創設へと制度的枠組みが整えられていく。その基盤に立ってマーシャル・プランによる戦後復興の進展と相まった欧州の経済的自立と政治的地位の漸進的復権が進み、ブレトンウッズ体制に組み込まれた"Embedded Liberalism"の実践を支える重要なパートナーとしての機能を果たしていくことになる。

　そうした経済共同体の形成から今日のEUに繋がる平和への理念と超国家構想、そのEUの理念と構想の源流を遡ってみると、第一次大戦直後、絶望を経験したヨーロッパにおける新たな希望として戦間期に芽生えた平和への希求であった。戦禍に飲まれたヨーロッパにおいて平和を願う志は並大抵のものではなかった。ドイツが1926年に国際連盟への加入を果たしたことも手伝い、独仏間の緊張緩和がもたらされると、その願いが形をもって提案されていくことになる。それがアリスティード・ブリアンらによって提案された「ヨーロッパ連邦構想」であり、それは「欧州統合」の胞子ともなる提案であった。国際連盟の誕生とあいまって進んだこの提案は、平和と安定に向けた新たな国際政治経済体制を可視化する役割を果たした点で意義の高いものであった。

　「ヨーロッパ連邦構想」の必要性は、1909年以来、フランス首相および外務大臣などを歴任した、ブリアンらによって強く訴えられた。第一次世界大戦直後、問題の当事者たるヨーロッパ諸国には根源的な構造的問題があるとみた彼等は、ヨーロッパを一つの連邦とすることで、悲惨な戦争を回避する手段としたのである。こうして1929年、当時もっとも親ヨーロピアンと称されたブリアンに加えて、当時ドイツの外務大臣で

あったグスタフ・シュトレーゼマンらにより、初めて公式な場において「ヨーロッパ連邦」(European Federal Union) の構想が描かれ、その設立が呼び掛けられた[1]。この2名は、1926年に「ロカルノ条約[2]」の締結に尽力したことでノーベル平和賞も受賞している。また1928年当時のアメリカ国務長官フランク・ケロッグとともに「不戦条約（パリ不戦条約)」(代表者2名の名をとり、「ケロッグ・ブリアン協定」ともいわれる) の締結にも貢献している、平和推進者の代表的存在でもあった。

　当時27ヵ国のヨーロッパ政府により採り上げられ、後押しされたこの提案は、ヨーロッパの連帯をつかさどる連邦の設立に際し、以下の3つの点を強調した。

　①どの民族にたいしても敬意をはらうことに重きをおく（反移民、反民族主義に強い懸念と反発を示す一文)、②ヨーロッパ協調の政策としては、過去における過ちをいかし過去とはまったく反対の政策を、すなわちヨーロッパ内部においては税関を撤廃し、域内関税圏をつくり、域外の国々により厳しい関税の障壁を設けることにした。そして最も重要なポイントとして、③このヨーロッパ協調の構想は、あくまで国家主権を逸脱する範囲には及ばないこと、つまりこれまで通り領域内各国の主権を超える範囲での強制も適用もしないこと、を明言している[3]。

　なお、この構想は、基本的に多くを国際連盟の方針と合わせることで、連携を密にしながらヨーロッパの平和維持を進めていこうとするものであった。ヨーロッパの平和を脅かす様々な要因を構造的な問題に見出し、これに対し一丸となって対応していく必要性を検討し、合理性をもってヨーロッパ従来の連帯を保つ恒久的なレジーム設立の必要性が強調された。これにより、ポスト第一次大戦のヨーロッパ内には、協調を模索する大きな布石が打たれることになった。

　ヨーロッパ連邦構想の提案と検討は、たとえその理想の機関があくまで国家主権を超えない範囲での協調と明記されている限定的なものであったとしても、この時点において実際にヨーロッパの国々が協調する必要性をお互い強く認識した意義は大きかった。また、凄惨をきわめた第一次世界大戦に対する猛省と教訓を背景に、ポスト第一次世界大戦のヨーロッパにおいて恒久的平和をもたらすことをめざして公式な場で提案され、かつ27ヵ国政府において検討された意義はなお大きいものがあった。しかし、当初歓迎をもって迎えられたこの提案は（親ヨーロッパの象徴とされていたブリアンの思惑が、実際はフランス国内における自身の地位保全のための活動やヨーロッパ内におけるフランスの覇権を確立したいがための提案であったとする疑念があがったこともあり）残念ながら1930年5月に葬られることとなってしまう。大陸欧州と一線を画していた英国は、そうしたブリアン提案に対してその外交誌（British Foreign Affairs）において、ブリアン案が政治的統合を上からめざしていることの非現実性を指摘するとともに現実的に統合を模索した場合の道筋として「もしヨーロッパ各国が緊密な政治的統合を果たし得るとしたら、それは確実に、そして唯一の手として、緊密な経済的結束の結果以外にはない」と断定的に論じていた。ただし、それはあくまで統合の道筋への見解であって、自身の参加を現実的に考えていたわけではない。当時の英国は、あくまでスターリング圏における独自の通貨政策（いかなる通貨にもリンクしない"A free currency"）を貫いており、1936年の大蔵省文書にもその代わることないスタンスが明示されている[4]。

　英国が通貨政策を含めて独自の路線を志向するなかでブリアンの思惑がどこにあったのか、は不明である。しかし、1年弱ではあったとはい

え、ヨーロッパ連邦構想の下、国家を超えて連携を図るべくヨーロッパ各国政府が共同行動を見せた事実。またその構想が、英国流の現実的機能主義（事実を先行させることにより緩やかな法的枠組みの下で機能的な統合を果たしていく姿勢）の文脈で見ても「経済的統合の上に政治的統合を果たせる」と見做されたことを含めて、世界に国家同士の統合の可能性がありうることを示唆した点で重要であった。チャーチル元首相の「ヨーロッパの政治統合はあくまで経済統合の結果としてその上に成り立つ」とした言葉に集約される英国の見解に見る如く、同連邦構想は、実際統合するとなった場合に考え得る現実的な方策論議をはぐくむまでに発展し、国境を越えた国家間の連携や地域共同体化等においては経済統合を先駆けとするのが統合アプローチとして現実的であるとの認識の共有をも世界的に広めていくことになった。その 魁 となった意味からもブリアン提案は重要であった。

2．戦後の欧州共同体の形成と発展

（1）欧州石炭鉄鋼共同体からECロウ・ポリティクスエリアでの展開

　後年、1989年11月にベルリンの壁が崩壊するまで東西両陣営を脅かし続けた「核戦争」の脅威は、戦後冷戦の始まりから1962年のキューバ危機を経て「相互確証破壊理論」が示唆した形での核抑止力が働き、直接的な攻撃や戦争にさらされる確率を減じた。そして西側ヨーロッパは余計な防衛費を費やすことなく経済復興に専念できたことがその復興と繁栄を可能とし、域内協調を加速させうる地盤を整備していくことになった。その最たる例が、平和の希求という崇高な政治理念のもと、経済利益の共有を軸に独仏間の相互利益となるよう進めた、戦争を支える要因

（武器の素材とエネルギー源）を経済復興に転換するという試みであった。ヨーロッパ政治の第一人者の一人であったS・ホフマンは、ヨーロッパの統合に関して2つの可能性を示唆した。すなわち、より容易な共同体化プロセスの方をロウ（低）・ポリティクス（経済的福祉的事項関連）、難易度の高い方をハイ（高）・ポリティクス（外交や安全保障問題）としての統合の可能性の示唆である。彼の指摘通り、低い政治に代表される経済面の統合は、年月をかけて確かな進展をみせた。

　ブリアン構想ののち、戦争終結直後に英チャーチル首相が述べたヨーロッパ連合構想に次いで、1950年、フランス外相ロベルト・シューマンによって「シューマン宣言」（「フランス政府は、独仏間の石炭および鉄鋼の生産のすべてを共通の機関の下におき、ヨーロッパのそのほかの国々が参加する開放的組織とすることを提案いたします」）がなされた。それは、フランスと西ドイツの間を共通の利益でもって戦争をただ考えられないものとするだけでなく、物理的に不可能な状態とすることをめざして西側ヨーロッパの共同体化への基礎を提供していくこととなった。これにより誕生したヨーロッパ石炭鉄鋼共同体（ECSC）こそ、初めて形をもってヨーロッパの壮大な超国家的プロジェクトへの第一歩を記すことになった。

　当初6ヵ国で始まったこのECSCを基礎として、1950年代には次々と統合へ向けた布石が打たれ、1957年のローマ条約締結をもって、今日のEUに繋がる礎が築かれていくことなる。そこでは、欧州経済共同体（EEC）を設立する条約および欧州原子力共同体（EURATOM ユーラトム）を設立する条約が結ばれ、共同体への基盤が整備されていった。そして60年代には、EECの経済統合・政治統合・安全保障と3つの分野にまたがる権限と実体化をめぐる議論と、EECメンバー拡大への挑戦と失敗が議論の大半を占めていくことになるが、総じて、ロウ・ポリテックス領域

表5　欧州統合初期の歩み（ECSCから関税同盟、農業共同市場まで）

第2次世界大戦（1939～1945年）
1946年（9月19日）英チャーチル首相、「欧州合衆国構想」提唱
1947年（6月5日）米国務長官マーシャル、「欧州復興計画（マーシャル・プラン）」提案
1948年（1月1日）ベネルクス関税同盟発効（1944年9月調印）
1949年（5月5日）欧州評議会創設（人権、民主主義、法の支配の確立を目的）
1950年（5月9日）フランス外相シューマン、シューマンプラン（ジャンモネ構想）提唱
1952年（7月23日）欧州石炭鉄鋼共同体（ECSC）創設（石炭・鉄鋼の共同管理）
1958年（1月1日）ローマ条約発効（「欧州経済共同体」と「欧州原子力共同体」）設立
1963年（1月22日）ドイツ・フランス、エリゼ条約（協力条約調印、統合の枢軸に）
1967年（7月1日）欧州共同体（EC）発足（ECSC、EEC、EAEC、3条約を統合）
1968年（7月1日）関税同盟発足（EC6ヵ国域内関税同盟完成）
1968年（8月）　　農業共同市場の発足（域内共通農業政策の導入と単一市場の完成）

出所：関連年表（EU資料）より筆者作成

での共同体化は着実に進展した。1967年には既存の3共同体を包摂する3共同体の執行機関融合条約が締結されてEC（欧州共同体）が誕生していくことになる。その翌年、1968年には財市場の統合への重要な入り口となる関税同盟が完成し、単一農業共同市場も発足していく。

　こうした共同市場へ向けた計画は1950年代後半から始まる。計画では、主に、域内関税の漸進的引き下げ（12～15年かけて全廃）、輸入数量制限の撤廃、域外輸入に共通関税を設定し、域内の労働力・資本の自由移動の他、域内低開発地域の開発推進なども盛り込まれた。さらに、この時期は、欧州決済同盟の役割がほぼ終了したことに合わせ、1958年12月には西ヨーロッパ各国通貨の交換性回復が実現した。こうして、マーシャル・プラン（「経済成長を可能とする政治経済構造へと国内政治体制の変容を導くものだった」[7]）にみられる戦後復興の状態を脱したことにより、欧州は少しずつ米国依存からの独立の歩を進めていった。ただ、経済領域の拡大に向けたEECの試みは、当初イギリスの不参加により、実質的

に経済領域が二分された状態で、ヨーロッパ内において相互に競合するという構図に陥り失敗に終わる。イギリスにとっては、EUの関税同盟入りに伴う旧英連邦諸国からの貿易シフトの問題があり、EFTA（欧州自由貿易地域）創設に動いたからである。

　しかし、EEC（EC）の経済発展が進むにつれ参加メリットが高まり、英国も参加の申請に転じる。だが、ド・ゴール・フランス大統領の強い反対で二度の申請も頓挫し、ようやく1973年になって参加が認められた。こうした英国の参加問題をめぐる紆余曲折はあったものの、EC域内の共同市場化は着実に進んでいった。一番対立も激しく難関とされた共通農業政策（CAP）による農業共同市場化も大半の農産物に域内共通価格が適用されることになり、1968年から本格的に発足していくことになった。

　こうしたEUの共同市場化が進展するに伴い、米国が主導するGATTとの関係が同交渉ラウンドにおいて次第に最重要テーマとして浮上していった。GATTの枠組みに巨大関税同盟となるEECを如何に組み入れていくかという問題がそれであった。詳細な論議は割愛するが、ECの共同市場化が、国際貿易体制と連動し、ECと米国の力学関係も変化し始めるなかで国際経済・貿易体制の新たな秩序への模索が始まったことには留意しておく必要があろう。貿易体制での模索は、その後の通貨体制への新たな動きへと繋がっていったからである。

（2）ハイ・ポリティクス・エリアの錯綜

　ロウ・ポリテックス領域とは対照的に、ハイ・ポリティクス領域では、共同化や共通化は然したる進展をみなかった。特に戦後数年では、色濃く残る戦争の禍根をかかえたヨーロッパ内で安全保障分野における統合は、あまりにセンシティブであった。これは、当時（1950年代当初）北大

西洋条約機構（NATO）軍最高司令官であったD・アイゼンハワー（後の米大統領）が強力に推し進めていた西ドイツ再軍備計画や、フランスのルネ・プレヴァン提唱の汎ヨーロッパ防衛軍組織構想で西ドイツを共同体に取り込もうする提案をもとに、ECSCを限定的な欧州防衛共同体（EDC）へと進化させ、果ては包括的な欧州政治統合体への準備機関とし、最終的には欧州政治協力（EPC）を創設せんとする動きが、結果失敗に終わったことからもみてとれる[8]。その構想は、加盟国部隊は出身国の指揮を受けることに対し、西ドイツだけはEDCの指揮に従うという指揮系統の下、共通の予算・武器・制度をもつとされていた。これが発効していれば実質欧州における初の超国家軍設立となったであろう。

　だが、フランス自らが提案したこの構想は、1952年に欧州防衛共同体条約を調印まではこぎつけたものの、1954年に議会に回されたときには法案の内容が当初のプレヴァン案から大幅に修正されてしまう。部隊統合案が大隊レベルから師団レベルに拡大されていたばかりか、さらに指揮系統も防衛軍作戦責任者にはNATO（北大西洋条約機構）の最高司令官が当たることなどが盛り込まれていた。この骨抜きにされた妥協案ではフランスの主権や憲法に基づくフランス共和国の不可分性が侵されると懸念したド・ゴール主義者らの反対により、結局、提案国であるフランス自身が議会の批准に失敗する。さらには、チャーチル率いるイギリスの「サポートはするが一緒にはなれない」という一貫したスタンスもあり、発効までには至らずに終わった[9]。代わって1954年には西欧同盟（WEU）が結成されて形だけは保たれたものの、これはあくまで対ソ連の軍事同盟として結成されたNATOのもと、安全保障分野のほぼすべてをアメリカに頼ることで、実質的権限も役割もない名ばかりであった。だが、それによりNATO傘下で守られたヨーロッパは、経済復興に専念

できることになる。

　安全保障については、その後もフランス（シャルル・ド・ゴール大統領）により、フーシェ・プラン（今度は外交政策の共同化を進める政治的国家連合の創設案）が検討されたが、これはオランダの拒否権行使により棄却されてしまう。ようやく1970年代に入り、欧州政治協力（EPC）を立ち上げるが、これも形だけの要素が強く、この時点においては立ち上げ以外に具体的な成果を残せたわけではなかった。だが、こうした超国家軍や超国家外交政策担当の建設にみる粘り強い動きこそが大陸ヨーロッパの理念に貫かれた政治的統合を具現化していくのに不可欠なものであった。試みと挫折と再考の繰り返しとはなったが、経済統合をベースとした地道な政治協力の積み重ねを経て、政治的統合、ハイ・ポリティクスへの道を漸次開いていくことになった。EU発足へ向けて1993年11月に発効したマーストリヒト条約では「共通外交・安全保障政策」（CFSP）や、2009年に設置された「外務・安全保障政策上級代表」「常設軍事協力枠組み」（PESCO）など、ヨーロッパの外交政策を具現化するより具体性を含んだ超国家的要素を多く含んだ機関や政策の設置、設定が進んでいくことになった。

（3）通貨統合計画の挫折と経済統合の行き詰まり

　ヨーロッパの著しい成長（復活）は、1960年代（特に西ドイツの急成長）には目を見張るものがあった。

　それと並行して共同体化への歩みは予定通り進み、欧州経済共同体（EEC）の創設から1967年にEEC、ECSC、欧州原子力共同体（EURATOM）を合わせた制度的統合によるECの発足、そして関税同盟と農業共同市場の創設を実現していく。1960年代末までのこうした統合化の成果を踏まえ打ち出されたのが、通貨統合への10年計画であった。同計画は、

1971年３月のEC理事会で決議された「経済・通貨統合の段階的実現に関するウェルナー委員会報告書」の採択に遡る。そしてこのウェルナー報告の趣旨にそった為替相場制度の具体案を提示したのが当時ベルギー中央銀行の総裁にあったアンショーを議長とする専門家委員会であった。経済・通貨統合が実現すれば文字通り１つの経済圏、経済連合体になり、欧州の国際政治場裏に於ける復権の地盤が固まり、連邦国家への統合も見えてくる。その経済統合の中核としての通貨統合を段階的に10年で実現しようとする意欲的な計画であった。その通貨統合に向けての第一段階として、「為替変動幅縮小計画」を次の内容で提示した。①EC加盟国通貨間の為替変動幅と第３国通貨間の変動幅に差を設ける、②固定的為替相場制維持のために米ドルを介入通貨とする、③加盟国通貨間の変動は、米ドルに対して可変的な共同体水準を設けてその縮小変動幅内に収める、というのがその骨子であった。

　つまりは、当時の金・ドル為替本位固定相場制度を前提として許容される変動幅（米ドル平価に対して上下0.75％、従って最大変動幅1.5％）を前提として、その範囲内でEC域内通貨の変動をその変動幅より縮小した範囲に抑える。そして相場が同範囲内で安定してきた時点で為替相場を固定化し、通貨統合を実現する、というものであった。その縮小変動幅を対米ドル平価の1.5％から1.2％に縮小設定して計画はスタートした。しかし、計画は実施直後のニクソン・ショック（1971年）と、その翌年、1973年の第一次石油ショックにより加盟国間の経済パフォーマンス格差が拡大すると、計画は瓦解の運命を辿ることになる。

　この変動幅縮小計画は、米ドルの側から見ると、米ドル平価の変動幅のトンネルの中でECの通貨が共同水準の幅で動いている形となるため、

共同変動幅をもったヘビがトンネルの中で動いているように映る。その
ため、別名、スネーク計画と呼称されたが、1971年8月のニクソン・シ
ョックを経ての同年12月のスミソニアン協定でトンネルの変動幅が拡大
されると、それにあわせて上下1.125%、最大2.25%に変動幅が拡大され、
さらに変動相場制に移るとトンネルなきECの固定変動幅縮小計画に転
じていく。

　それは、米ドル固定通貨圏の宇宙のなかの欧州の安定通貨圏という小
宇宙の関係から、強い通貨であるマルクを中心とする欧州の小宇宙通貨
圏への変質であった。いまだIMF加盟国全体がドル通貨圏を形成してい
た段階においては、ドル固定制の下で欧州における通貨安定圏を確立す
る方策は十分に現実的であった。だが、金・ドル交換性停止から、半ば
強制的に世界はフロート制へと移行した。固定相場圏の枠が外れたスネ
ーク計画は、ドイツ側が主張する通貨統合へ向けての基礎的条件と調整
を優先すべきとする意見（エコノミスト派）と、フランスの、通貨統合
をもって金融政策統合を実現してしまえば細かい条件など解消していく
（マネタリスト派）とする意見が真っ向から対立し、妥協点を見いだせな
いままに、内部に非対称性を抱え込んだまま、1973年の第1次石油ショ
ックの荒波に晒され瞬く間に域内変動幅縮小計画は頓挫してしまうこと
になった。

　結果、英国、次いでフランスの離脱をもって、結果的にはドイツ（マ
ルク圏）を中心とする「ミニ・スネーク」へと成り下がっていく。そし
て皮肉にもこれは細々とではあるが、相互の経済格差が少ない実質的な
マルク経済圏であったため安定的に機能していった。ここにおける問題
の本質は、円居（1980年）が指摘するように、「古典的な金本位性の調整

メカニズムに変わらず、外的ショックの影響を域内的に分散・吸収し得るだけの財市場の統合度に不足があり、外的ショックの非対称性から維持のコストが大きく拡大してしまったことに失敗の本質があった」といえる。[11]また、英国の離脱が重なったが、過去において当時のチャーチル首相を筆頭とする英国側が主張してきた現実的機能主義にもとづく機能的柔軟性が、このころにはすっかり大陸側が主導してきた制度的統合（条約や条文をベースにおいた統合）にとって代わられ、制度運営も次第に硬直化していたことが瓦解を助長していくことになったと見られる。

　このスネークにおける失敗は改めて、域内の基礎的条件が整い、経済統合の度合いが一定水準に達していない限り、域内固定為替相場制と通貨圏形成は成立し得ないことを示した。それはすなわち、制度統合先行・政治的意志先行の限界と、それを無理に優先した際には経済統合自体も瓦解しかねないことを浮き彫りにした。金融市場の規制緩和にともない、国際資本規制の自由化が促進された1980年において、今度はスネーク計画の失敗を教訓に再設計された「ヨーロッパ通貨制度」（EMS）が導入される。スネークに比して、一定の柔軟性を取り入れたEMSの工夫（SDRに類似のバスケット通貨、欧州通貨単位＝ECUを導入し、相場水準維持のための負担の非対称性の緩和や相互介入資金等融通システムなど）は、その実、ドル依存の下でのマルク通貨圏という２つの基軸通貨の下における二重の非対称性問題を抱えた不安定性要素を抱えながらも機能していく。度々の危機には遭遇するものの、その継続のなかでEU参加国経済は次第にドイツ経済に歩調を合わせる形となって、その後の財市場の統合の深化と相まった通貨統合への基盤と環境を整えていくことになる。
　70年代から80年代の経験と教訓は、経済的合理性のみを追求したのでは果たしえない統合化計画を、より現実的機能主義に即した政策を取り

入れ参加国間のバランスを重視する対応へとシフトすることよって統合への求心力は復活し始める。後に、マーストリヒト条約や後のユーロ誕生へと繋がる最大の起爆剤となった「市場統合計画＝One Market計画」も、できるところからできるものを積み上げていく、という現実的アプローチの積み重ねに移行したことが奏功した。それは市場統合への現実性を高め、民間企業が積極的に応じていくことで計画以上の広範で高度な市場統合を実現させていくことにも繋がっていったと言えよう。紆余曲折の繰り返しではあったものの、こうしたEUの持続的な統合への歩みは、ドル体制を軸とした「埋め込まれた自由主義」に基づく戦後の国際協調ガバナンス体制の確立と東西冷戦継続下での継続を支える重要な支柱として機能してきたと見做されよう。

【注】

1 ）詳細は、Peter M.R. Stirk and David Weigall, (1999) 参照。

2 ）1925年10月、スイスのロカルノでの協議を受け、同年12月にロンドンで調印された 7 つの協定の総称であるロカルノ条約には、フランスおよびベルギー国境の現状維持と、ラインラント非武装の確認が含まれていた。

3 ）詳細は、Peter M.R. Stirk and David Weigall, (1999) 参照。

4 ）米倉 (2006) 参照。その独自の通貨政策の保持ということでは、EUに属する今でもポンドは健在であり固定為替市場に縛られることをよしとしないことからもわかる。

5 ）詳細は、Hoffmann, S. (1966) 参照。

6 ）遠藤乾［編］(2008) p.231（原文訳参照）より引用。

7 ）遠藤乾［編］(2008) 第 5 章p.340参照。

8 ）Article 38 of the treaty establishing the European Defence Community, 27 May 1952, p.53参照。

9 ）Churchill, W. (1951) Cols 2594-6参照。

10）詳細は、Commission of the European Communities (1970) Werner Report 参照。

11）円居 (1981) より引用。

第 2 部

グローバル市場化
と
国際ガバナンス危機

１．新たなフェーズに入った資本主義と国際社会の構造変化

（１）情報ネットワーク化と規制緩和が決定づけたグローバル市場化

　1989年11月9日のベルリンの壁の崩壊に続き、1991年12月25日には、ソヴィエト連邦が崩壊を迎えた。この一連の激変をもって名実ともに社会主義体制は終焉し、冷戦下の脅威と繰り広げられたイデオロギー闘争から世界は解放されていくことになった。それは稀に見る世界が歓喜に沸いた歴史的瞬間であり、世界の一体化を多くの人々に錯覚させるほどに劇的な衝撃をもたらした。その先駆けとなったベルリンの壁の崩壊は、世界中に衛星中継された。狂喜乱舞する人々が長い壁の上にのぼって歓喜の叫びをあげていたその様子は、40年間いつ起こるかわからない核戦争の恐怖に苛まされながら、壁の向こうの親族の安否を思う生活を強いられた人々にとって、本当に戦争が終わったと実感できる悲願の叫びだった。その中継された映像は、歴史の大きな転換点の始まりを世界に強烈に印象づける出来事であった。

　ベルリンの壁の崩壊と、それに続くソヴィエト連邦の解体によって、西側陣営が標榜してきたリベラリズムと民主主義に対抗する脅威が消滅したことは、瞬間的には世界の一体化さえ錯覚させるほどであった。これら象徴的な出来事と並行して、東西の緊張緩和に向けたデタントも大

きく進展をみた。デタントは、米ソ間で1979年のSALT II（第 2 次戦略兵器制限交渉）から1987年の中距離核兵器制限条約を含む一連の軍縮条約で着実に進みつつあったが、さらに1991年 7 月には最初の戦略的武器削減条約となる「START」も締結され、東と西との間での軍備の平等化が図られた。また、1990年11月にはヨーロッパ安全保障協力会議（CSCE）において「欧州の対立と分断の時代を終わらせる」とするパリ憲章が合意され、これ以降CSCEを常設機構として冷戦後の欧州秩序に一定の方向性が示されることになった。東ヨーロッパにおいても次々と共産主義体制の崩壊が進んだ。その先駆けとなったのが、1989年12月のルーマニア共産主義体制の崩壊であり、1990年10月のドイツの再統一と重なって旧東欧諸国は次々と資本主義体制へ転換していくことになった。そしてマルタ会談の場において、「（ソヴィエトは）アメリカに対して、決して（熱い）戦争を仕掛けない」との宣言がなされ、平和へ向けた大きな一歩が記されたことが繰り返し強調された[1]。「ヤルタからマルタへ」は、一つの時代の終わりを体現する言葉となった[2]。

　1989年11月、突如として取り除かれたベルリンの壁と、それに続くソヴィエト連邦崩壊（1991年12月）の主因は、軍事費や対外政策費用の増大による経済の崩壊にあり、それは軍事大国ソ連が経済的に崩壊していったプロセスでもあった。ゴルバチョフの二大改革ペレストロイカは「再構築」を意味する用語であり、それはあくまで社会主義体制の枠内での改革を想定したものであったが、社会主義経済体制のなかで進行していた自壊の流れを一挙に顕在化させることになった。同時に進められたグラスノスチ（情報公開）も元々は、チェルノブイリ原発事故に象徴された秘密主義の構造にメスを入れるべく、言論・思想・集会などの自由を認める民主化改革の中核として導入されたものであった。しかし、

これも急速に民主化・自由化へと舵を切ったことにより、共産党幹部の贅沢や汚職、偽装会計問題などが次々と明るみに出て、内部からの体制崩壊を助長していく結果となった。

　こうした大変動を経て、「世界は一つの時代を終え、新たな時代に入った」というフレーズが広く世界に流布され、90年代初頭は平和な時代への期待に満ちた祭典の時期ともいえる状況を呈した。フランシス・フクヤマの『歴史の終わり』（1992年）は、そうした状況を集約した代表的著作といえる。「西洋（資本）主義にとってかわるシステムの追求は絶たれた」として、人類のイデオロギー論争の進化に終止符を打ち、ユニバーサルな西洋のリベラリズムにのっとった民主主義こそが人類政府の最終形態である」と高らかに謳いあげた。そして人類は、退屈さえ覚えるような平和に満たされた時代に入っていくとさえ予言した。確かに、これ以降、世界システムは資本主義一択になったとの認識、そして世界的規模での軍事対立の懸念という前時代のような緊迫感は薄まったといえよう。だが、国際化からグローバル化という流れが次第に強まるに従い、表層的には世界の収束と画一化への流れが自然に広まっていくとしても、その過程で画一化と多様性の対立が潜み深まっていくという重大な問題には、フクヤマのみならず世界も未だ気づいてはいなかった。すなわち、資本主義の多様性といかに付き合うかという問題のみならず、グローバル化した世界において地域紛争やテロが容易に世界規模の問題になり得ること、さらには世界規模での経済の均一化は、発展レベルの異なる経済が国境を挟んで並立するという世界の国民国家を基本単位とする国際体制の構造的変容を迫る一方で、無差別競争の結果として生じる格差と社会の分断が国家間の分断と対立をも招くことになりかねないという、グローバル化の陰に潜む問題がそれである。だが、この時期、世界は「グローバ

ル化の光の部分」への期待感で、その陰の問題は看過されがちであった。

　そうしたグローバル化の潜在的危機は孕みながらも、国際政治の側面では、「道義」の問題、すなわち「国際政治にとって道義は（権力同様に）必要不可欠である」ということが、冷戦終焉をもって初めてその有効性が具現化することになった。ハンス・モーゲンソーと並び国際関係学の古典とされるＥ・Ｈ・カーが1939年にその著書『危機の二十年』のなかで指摘した「道義」がそれである。[4]その先鞭となったのが、一夜にして翻った国際情勢と国際政治における優先課題の変化を象徴する出来事となった湾岸戦争後の1991年、クルド人の人権擁護（道義的な理由）を理由とした国連による人道的武力介入であった。そうした「人道」という「道義」を掲げた国際的協調介入は湾岸戦争、コソボ紛争にも用いられ、その後の人道的介入や支援に受け継がれながら今では道義に基づく人権擁護という救済が国際政治上において当然かつ重大なテーマの一つとして定着してきた。[5]これには、特に、湾岸戦争において、国連憲章に沿った形で初めて安全保障理事会の常任理事が一致して歩調を合わせて武力行使し、「国際共同体」という概念を可視化させたことが大きかった。この出来事で、これまでのように対ソヴィエト・対ワルシャワ条約機構としてあくまで対立関係にあったNATOの単純な結束という形ではなく、国連が国際機関としてその理念に基づき、（道義に基づく）人道的支援を軸に国際社会の脅威へ向けた「集団安全保障」への協調行動が実現可能であることが証明された。それは、第一次世界大戦後から実に半世紀以上をもって、まかれた種が初めて芽吹いた瞬間でもあり、ドイツ再統合からボスニア紛争やコソボ紛争などを経て東と西それぞれの陣営が、グローバルな意味において国際協調を具現化していく象徴的な第一歩となった。以降、国際共同行動や国連の人道的介入は、十分に正当化され

た「国際道義」に裏づけされた行為として世界的に認められていくようになる。この意味で、道義に基づく国際協調は、冷戦終結がもたらした国際政治上の重要な成果であったといえよう。

　国際政治面では、以上のようにカーの提唱した（国際的）「道義」に基づく国際協調行動が冷戦の終結という国際体制の大変動が却ってきっかけとなって醸成され、定着化の兆しも見られるようになった。
　一方、1990年代のこの時期、経済分野では東西冷戦の終結と東西融和という国際政治体制の大転換に伴う交流拡大の流れと、米国から始まった規制から自由化への政策転換の流れに後押しされてグローバル化が広く進行し始めていた。それが国際社会の構造を大きく変容させていくことになるが、その経済のグローバル化を一挙に加速させていく決定的な起爆剤となったのが、小型コンピュータ＝パーソナル・コンピュータの発達とそのネットワーク化であった。米国が、1980年代以降推し進めてきた規制緩和策にそって急速に発達したテクノロジー面における通信技術革新とパーソナル・コンピュータ＝パソコンの爆発的な普及とが合わさって、情報のネットワーク化は瞬く間に世界に浸透していくことになった。

　1980年代にはつながりのないスタンドアロンで単なる高級演算機にすぎなかったコンピュータが、ティム・バーナーズ＝リーが構築したWorld Wide Web（www）により、1990年代以降、急速に世界の情報ネットワーク化を進めることになった。その影には、一つの法律、それが現在のインターネットの在り方のすべてをつくったといっても過言ではない法律の制定も大きく寄与していた。すなわち1996年に制定された米国『通信品位法』230条による免責がそれである。これをもってコンピュータ

サービスのプロバイダは、ユーザーによる犯罪行為から免責される根拠を得ることになったからである。[6)]

　こうした通信技術ならびに関連する法整備においてもアメリカは先行していた。1970年代半ばに始まる金融市場の自由化の波は航空・運輸分野の自由化を経て80年代には通信分野の自由化へと広がっていた。

　軍用コンピュータの一般普及、レーガン大統領によるGPS（全地球測位システム）システムの民間使用開放などに加えて1990年代にwww（以下インターネット）が一般開放されていくと、瞬く間に情報ネットワーク化は、企業内、国境を跨いだ多国籍企業の企業間ネットワークの構築へと広がっていった。それは新時代に示されたソヴィエトによる脅威の終焉がもたらした、新たなパクスアメリカーナ・レジームの幕開けを告げるものでもあった。

　特に内外を結ぶ企業内ネットワークは、経済の情報グローバル化を決定的なものとしていった。それは、また米国の経営組織の弱点となっていた情報の分散をなくすとともに、そのオープンな経営システムの利点を最大限に引き出す効果をもって、米国の産業・経済の復活を促し、情報グローバル化時代の先導的地位へと米国を押し上げていくことにもなった。米国は20世紀初頭に大量生産方式を生み出し、その効率性で圧倒的な競争力をもって経済覇権の基盤を築き、世界をリードしてきた。しかし、少品種大量生産方式は、世界の経済が発展するにつれ需要とのギャップ、少品種大量生産品ではない個性のある多品種少量生産品へと需要が転換していくなかでギャップを拡大し、米国の産業と経済は翳りの度を深めていた。それを根本的に是正することは、大量生産方式の発展による生産部門の分化と組織の肥大化の状況下では困難を極めていた。経営組織的にも、権限が細分、委譲され、オープンではあるが体系的な

情報の繋がりはなく、生産効率、組織効率は皮肉にも大量生産方式の発展とともに低下していた（円居1994年）。

　この頃、圧倒的競争力で経済成長を続けていた日本は、閉鎖的だが、その独自の人的ネットワークをベースとする内輪の情報共有ネットワークで圧倒的な生産効率、組織効率を誇っていた。もともと同じ資本主義に立脚していても企業の経営システムは国際間で異なってきた。経営比較研究が幅広く行われてきた所以であり、集団志向型の日本とか個人主義型の米英といった分類と比較研究が文化や社会的特性を含めて論じられてきたのは周知のところである。しかし、その機能的違いの本質は、情報共有と処理の仕方にあったとすると、日米の状況がネットワーク化によって一変していくことになったのもわかりやすい。[7)]

　米国型の、オープンだが事業部門別に分化し、権限と責任も細分された生産経営システムは、少品種大量生産においては効率的であっても、多品種少量生産への対応は難しく、経営、戦略情報も分散して体系化された生産と経営を行うには不向きであった。その弱点が、生産、販売、経営上の必要情報の共有が社内電子ネットワークを通じて随時可能となった。加えて、もともとオープンなシステムに内在していた明示的なルールの下での多様なアイデアなどを取り込みやすいという利点も広がり、国際的連携による最新技術の取り込みや生産部門の世界的な拠点展開とそのネットワーク化による内外を跨いだ体系的な経営なども可能となった。[8)]弱点は強みに変わり、日本のような柔軟な情報共有ではあっても内輪に限られる故に外部の多様なアイデアなどを取り込みにくい経営組織システムを凌駕して、アメリカ産業と経済の再生が一挙に進むことになった。経済、産業におけるアメリカ・スタンダード化の復活である。この米国から進み始めた規制緩和・撤廃と相まった情報ネットワーク化

の進展に、欧州も日本も追随せざるを得なくなり、情報ネットワーク化と市場化がグローバルに広がったことで、グローバル市場化という経済の一律化が一挙に進んでいくことになった。

　これが主流派エコノミストらによる経済思想（新たな古典派経済学を理論バックとするネオリベラリズム）に後押しされる形で、先進国政府はより積極的なグローバリゼーションへ向けた経済のグローバル統合化を、規制からの解放を促す形で推進していくことになる。こうした展開がもたらす問題について、早くにはハンス・シュミットが1970年代に警鐘を鳴らしており、「かつて国家権威と称されたものが、今でも国民経済および国民社会と一致するものであるかどうかは疑わしく、特に投資、通貨、労働市場に関しては常にあてはまるものと考えないほうがよいとした見解」を示している。また、1980年代後半には、リチャード・ローズクランスがその著書『新貿易国家論』において、「国内製造業企業の輸出を促進し国際競争力を維持するためにも、政府は今までに輪をかけて（国際競争力の反映としての）国際収支に注目しなければならなくなっており、そうした政策手段を講じていることに着目して、すでに国際競争力の激化にともなう企業と国家の形勢、力学構造が変化している」ことを論じている。

　情報化とそのネットワーク化によって、国家権威と市場および企業がタイアップしたグローバル化、それを通じた世界市場の、そして社会システムの一律統合化、つまり真の意味でのグローバル化が進み始めた。それが国家と市場の関係を大きく変貌していくものであったとしても、力強いアメリカに向けた経済・産業の再生を進める政府の施策（クリントン政権の「情報ハイウェイ構想」と経済再生政策）と歩を合せるように

米国の覇権復活が並行して進んだのは事実であった。また、国家間の関係においても新たな国際レジームの構築へと進んで行った。こうして90年代、世界は、テクノロジーの深化と国際秩序の整備・再編を進めながら、結果的にアングロ・サクソン・モデルの下での市場原理主義への回帰が進んでいくことになった。

（2）グローバル化と市場の台頭で進む市場制御の弱体化

　この情報ネットワーク化と相まった国際社会の変化は、70年代半ば以降の規制緩和、自由化が一挙に花開いたような様相を呈した。ただし、情報化を政策的にリードしたクリントン政権（1993－2001年）は、それまでの自由化を主導してきた経済思想、新たな古典派の思想をベースとするものではなく、民主党政権の伝統としての、政府が必要な介入を行うという市場の失敗を前提としたケインズ経済学の思想に依拠していたこと、またそれが成果を収めて行ったことは、ネオリベラリズムにとっては皮肉な結果であった。

　ブレトンウッズ体制の崩壊後、価格の自動調整が働くことを前提として古典派に新たなスパイスを加えて再登場した形の新たな古典派経済学者らが1970年代半ば以降の規制緩和、自由化政策をリードしてきたのは既述のとおりである。彼らは「戦間期から戦後にかけてのアメリカ経済が復興を果たしたのは単純に軍事需要の拡大による成果物である」として、ニューディール政策から戦後復興をリードし、国際秩序の再建を支える経済基盤づくりに貢献してきたケインズ経済学とその政策を批判した。1970年代から80年代にかけて続いたスタグフレーション、ニクソン・ショック、そして二度のオイルショックに直面して、特に不況下でインフレが進むというスタグフレーションに直面して、その処方箋を提示し

得なかったことに関してはケインズ経済学、古典派経済学ともに同じであったが、当時主流であったがために、ケインズ経済学が厳しい批判に晒された。その先頭に立って、マネタリストを標榜し、市場の価格機構にすべてを委ねるべきとする古典派経済学の原理に依拠（完全市場原理）して、それに新たな衣を着せた新たな古典派経済学の誕生を促していったのがミルトン・フリードマンであった。それはサプライサイド・エコノミックス、合理的期待形成学派などへと派生していくが、彼らの、ケインズ流の介入政策は長期的には無効で政府の肥大化を招くだけとする主張は、小さな政府と自己責任を社会理念とする保守層の強い支持を受け、また有望な手立てがないなかで規制撤廃と自由化を進めれば経済が回復に向かうのではないかという当時の社会の期待感とも相まって、新保守主義経済学とも呼称されて瞬く間に主流となっていった。

　新たな古典派経済学の思想は、ケインズ経済学が切り開いたマクロの視点を再びミクロに戻し、市場が完全に機能すれば経済の均衡は自動的にミクロの均衡の集積としてマクロでも達成されると説き、その市場の十全な機能のために規制撤廃と自由化は不可欠であるとした。したがって、彼らの政策には、財政政策も裁量的な金融政策もなく、ただ規制の緩和・撤廃による市場機能の活性化策のみであった。[11]レーガンやサッチャーの経済改革策、日本の中曽根改革を含めて新保守主義革命と呼ばれた改革策、規制の緩和・撤廃による自由化政策と社会福祉制度の見直し策を中核とする政策は、正にそうした新たな古典派経済学思想の実践であったといえよう。

　D・ロドリックは、それを以下のような表現で痛烈に批判している。（彼らの罪は）「19世紀に一度失敗に終わっているレッセフェールの幻想を都合の良い形で再起させ、実際と異なる世界に当てはめ、一時的にで

も成功したかのようにふるまったことだろう」[12]。また彼らの主張する「小さな政府」は（概念上はともかく）、実際には成り立ちえない幻想にすぎないことを、ロドリックとともにD・キャメロンが併せ指摘している。実際、主要国政府と市場とのかかわりの度合いは一度たりとも「小さく」などなったことはない。むしろ、ごく少数の例外を除けば、データが存在する1870年以降において先進国政府が公的部門にかけてきた政府支出の割合が一貫して拡大し続けていることは、彼らにより証明された[13]。

　市場の失敗と少なくともその補完のために規制や介入政策が必要なことは、19世紀の典型的事例のみならず、後にアカーロフがその「情報の非対称性理論」によって理論的にも明示されていくことになる[14]。だが、1980年代以降からの世界的な規制緩和、自由化の流れは、新たな古典派の理論に則り加速していき、1990年代からの情報ネットワーク化とデジタル化の進展とともにグローバル化が本格化していくことになる。アメリカン・スタンダード（＝アングロサクソン型市場主義モデル）と相性が良く、後に「無規制資本主義」とも定義されるグローバル規模での規制緩和と市場の世界的一体化が、特にもともと情報産業としての性格が強い金融市場の一体化を含めて進行していき、国際経済・金融体制の構造的変容を加速していくことになった。

　こうした通信技術の飛躍的向上は、どの分野のどの企業であれ、国際舞台で活躍するアクターは多かれ少なかれ恩恵にあずかったわけだが、その世界一体化が急速に進んだのが金融市場と金融取引であった。銀行間ネットワークの国際的展開と金融自由化が新しいビジネス基盤の拡大をもたらし、新たな取引手法や新金融商品が次々と開発されグローバルに市場展開されていった。証券化、再証券化ビジネスの展開、後にシャ

ドー・バンキングと呼ばれた信用拡張手法、デリバティブ取引に代表されるオフ・バランス取引のグローバルレベルでの展開などである。こうしてグローバル・ネットワーク化は同時並行的に進んだ会計システムの世界標準化（ISO規格）とも相まって、オープン化と金融市場の世界的統合化を一挙に進めていくことになった。こうした展開は、米国型コーポレート・ガバナンスの世界標準化と併せてアングロ・アメリカン型資本主義の世界標準化と市場と国家の関係の変容を含めて国際ガバナンス体制の変容を大きく促していくことになる。その具体例の 1 つとして、世界的な法人税率の引き下げ競争があげられる。

　それは、規制緩和からグローバル化への流れのなかで必然的に生じた国家と市場の力学関係の変化を典型的に反映したものであった。1980年代を通じて主要国の資本規制が撤廃されていったが（英国の為替管理の撤廃、日本の為替管理原則自由への転換、フランスの規制緩和など）、それと軌を一にするように各国の法人税率の引き下げが米国を先導として世界的に広まっていった。例えば1981年の法人税率のOECD平均が50％であったのに対し、1996年には同38％弱、2000年では34％、さらに2009年の段階では30％にまで持続的に低下を見ている。[15] アメリカ単体で見ても、同じく1981年に50％だったものが、2009年には39％にまで下がっており、EU諸国も同様の推移を辿っている。[16] それは1970年代まで保たれてきた秩序に無数のヒビを入れ、国家と市場の力学関係を変え始めるのに十分な規模であった。市場（民間企業アクター）からの法人税の引き下げ圧力に、国家（各国政府）も企業を自国内に止めるためのインセンティブの供与の必要性から引き下げを進めていったわけだが、その結果が「傷だらけの租税競争」となった。だが、それもやがて限界を迎えると、その負担は、国際的に自由に移動可能な金融資本から不可能な資本（労働資

本、つまりは労働者）に移っていくことになった。

　これに関しロドリックは、「真の挑戦は企業や資本が根無し草になっている世界で、各国の法人税制の健全性を守ることだ[17]」と後に述べているが、この時期においては発展期であり、多国籍企業を誘致するために各国政府は引き下げ競争に巻き込まれていった。財政的なインセンティブが世界的にも増加傾向となり、税制優遇措置の問題とも合わせて、やがて税制自体が機関投資家らの投資判断を左右していく重要な判断要素の1つとなっていく。急速なグローバル化とともに多国籍企業の増加と発展が顕著となった1990年代以降、投資家（特にアングロサクソン型、アングロ・アメリカン型、（機関）投資家ら）の判断は、国際市場においてさらなる影響力を有するようになっていく。そこに税制が重要な要因として働いてくるようになったため税の引き下げ競争やインセンティブ付与の競争が加速していって、国家の市場に対する税の主導権が次第に後退していくことになった。それは、世界的な税の低位フラット化への収束と国家の市場に対する力の後退を伴いながら束縛されないグローバル市場化の流れを加速させていくことになった。

2．グローバル化の進行と「不可能命題」の拡大が招いたアジア危機

　グローバル化の世界的進行が始まるなかで、突然とも言える形で深刻な経済危機に陥ったのが、東アジア諸国であった。アジア経済（東南アジアを含む東アジア地域）は1965年以降輸出主導で模範的な高成長を継続し、その経済発展は東アジアの奇跡と称えられてきた（世界銀行1993年）[18]。そのアジア経済が1997年に突如壊滅的な危機に陥った。タイ・バーツの

下落に始まったその危機は、インドネシア、マレーシア等の東南アジアの諸国から韓国にまで一挙に波及し、その影響と深さにおいて1990年代に発生した英ポンド危機やメキシコの通貨危機を遥かに凌ぐものとなった。それは誰もの予想を裏切る速度と規模で進み、そのショックはたちまち他の新興国経済に、そして国際金融市場全体へと波及した。世界の成長センターの雄と誰もが見ていたこの東アジアでの危機の勃発で欧米を主とする投資家たちは、危機の波及を恐れ、タイ・バーツ建て証券や関連性の高い東南アジア債のみならず新興国市場を危険域として中南米の国債売り等まで売却を徹底してしまい、新興国市場を含めた広範な信用収縮を招くことになった。

　さらにこの展開のなかで、アジア危機勃発の際に通貨取引のみならず証券を含めた先物売りで巨額の利益を手にした米国の投資ファンドが、下落が始まっていたロシア国債の大量投機買いを進め、その矢先にロシアが自国国債のデフォルトを宣言（1998年8月）するという事態に直面して破たんに陥った。金融工学の先駆者でノーベル経済学賞の受賞者が経営陣に加わり当時世界でもっとも有名なヘッジファンドと謳われたLong-Term Capital Management（LTCM）の経営破綻がそれであった。それはニューヨーク金融市場まで一時麻痺させることにもなった。そのLTCMの投資スタイルは、「価格の乖離は必ず収斂する」という金融工学の理念に基づいたもので、アジア危機が勃発した際、割高な米国債を売りジャンクと化した東南アジア債を買い、収斂後に多くの利益を上げた手法を他の地域への投資にも大胆に行ったことが招いた結果であった。そこには価格変動の収斂のみしか頭になく、信用リスクがすっぽり抜け落ちていた金融工学手法の欠陥ともいえる罠があった。皮肉にもLTCMのようなヘッジファンドがその投資理念と高度な金融工学手法で危機を増殖させ、金融危機を拡散させていくことになったわけだが、後にとりあげ

るリーマン・ショックに見るように、まったく類似で規模を拡大した金融バブルの生成と崩壊が繰り返されていくことになる。

　アジア危機の渦中、インドネシアでは一大政変まで巻き起り、アジア危機は国際金融市場をも震撼させる事態に発展した。それは、連鎖的なグローバル危機として警戒され、その本質を見極めるべく、様々な角度からの原因の解明と対応策が論じられてきた。たとえば、その原因を急速すぎた自由化と規制緩和とし、本来的なアジアモデルがアングロ・アメリカンモデルと衝突した結果であるととらえ、国家政策を通じた金融規制を進める提案。あるいは、透明性の確保が足りなかった点が問題であり、対策としては先進国が先んじてよい手本を示し透明性の確保を促すべきといった提案などがそれである。それらを政治思想を踏まえて大別、要約すると表6の通りである。一方、その分析は、基本的に経済学的視点に立脚したものであったが、それらは、主に2つのアプローチに要約されるものであった。1つは、危機の原点である通貨危機の要因および発生メカニズムを金融的な問題として究明を試みたもの、いま1つ

表6　アジア危機の政治経済学上からの分析要約

要　因	リベラル	経済ナショナリズム	マルクス（批判主義）
原　因	・馴染みの資本主義 ・透明性の不足	・急速すぎた自由化 ・国家による過度の 　規制緩和	・リベラリズムの略奪 ・金融利権による簒奪 ・システミックな欠陥
ポイント	・腐敗 ・自由化経済政策の欠 　如	アングロ・アメリカンとアジアモデルの衝突	アジア危機によって人類が苦しむ
教　訓	先進国が先んじて透明性を確保。手本を示す	国家政策を通じ金融を規制	国際金融システム改革と国家システムの防御

出所：諸資料より筆者作成

は、アジアに共通した経済・政治体制の構造的問題に求め、危機発展の要因を明かそうとしたものである。後者のアプローチは、「アジア型モデル」に潜んでいた問題点や欠陥を明らかにする試みを行った点からも興味深い内容ではあったが、制度的な問題や構造問題については、どちらかというと危機の発展過程において、あるいはその結果として顕在化し、危機を増幅させた要因としての側面が強いため、直接的原因となったかというと社会制度的な問題（クローニー・キャピタリズム）が何の予兆もなく経済・金融危機を突然に引き起こすことは想定されがたいから疑問を残す見解であったと言えよう[19]。

　経済学的視点に加え、政治学的視点からも分析、提案が広く行われてきた。たとえば、ストレンジなどは、グローバル経済が進展していく過程において、国家権力の衰退がもたらした各国政府の対応の弱さの問題を指摘し[20]、また後述のようにロドリックは、国際金融の不可能命題の概念を応用した国際体制の選択モデルとして国際政治のトリレンマ・モデルを提示し、その枠組みでアジア危機の問題を論じている[21]。

　アジア危機は、以上のように様々な視点からその解明が行われてきたが、その本質的な構図は、世界経済の国際化からグローバル化への発展過程のなかで、タイを筆頭に東アジア諸国が対外政策の自由化と絡んだ政策目標間の相互矛盾の罠、すなわち、「国際経済学のトリレンマ」の罠に陥ったことにある。当時、経済論壇では、クローニー・キャピタリズムを含めた社会制度的問題や「アジア型モデル」に潜んでいた欠点などに危機の原因を求めることが多かった。典型的には、P・クルーグマンが危機以前に「アジアの奇跡という幻想」のなかで「アジアNIESの経済成長はほとんどが労働投入等に負うもので技術進歩などに負うところが少ない故に成長持続は困難」と指摘し危機の原因を求めている[22]。

　これら指摘は間違ってはいないとしても、それでは、長期にわたり順調な経済成長を続けてきた東アジア諸国が、何故突然ともいえる形で深刻な危機に軒並み陥っていったのか？は解明し得ない。それらはいわば慢性的な問題と言えるものであり、突然の事態の悪化、顕在化はありえないからである。

　こうしたなかで、金融市場のグローバル化と対外金融市場政策の文脈から危機の構図を最も合理的に解き明かしたとみられるのが、円居（1999年）および高坂（2000年）の分析である。高坂は「ミクロ経済構造」と「金融市場のグローバル化」の2つから金融市場のグローバル化とその脆弱性に主因を求めて危機の構図に迫っている[23]。円居は、より明確に危機の主因を対外金融市場政策の相互矛盾（為替の安定化政策としてのドル・ペッグ化と資本自由化政策の推進）に求め、それが国際金融市場環境の変化、すなわち、ドル高に伴う輸出競争力の低下と為替のドル・ペッグの持続性への懸念と新たな成長地域としての中国への国際資本のシフトに直面して大規模な為替投機と東アジアからの資本流失を招き、一挙に危機に陥ったことを明らかにしている[24]。確かに、他に原因を求めても「危機の直接の引き金になったと目される国際資本移動、特に効率的で市場メカニズムが働きやすいと想定される民間ベースの国際資本移動で、何故、市場の自律的回復機能が働かず危機が拡散し、アジアモデルの終焉とまでいわれるような事態をひきおこすことになったのか、説明がつきにくい」（円居1999年[25]）。しかも、危機前年までの東アジア主要国のマクロ経済バランスと経済実績は表7に示すように良好であったなかで、その危機に際して有効な政策対応が取れぬままにGDP規模に匹敵する巨額の資本流出が生じて外貨準備が一挙に枯渇するような事態を招いている。何故そうした事態に陥ったのか、両者のアプローチ以外では解り難い。両者のアプローチ、特に円居のアプローチから見えてくるのは、東

表7　90年代から危機までの東アジア主要国の経済動向

		1990～1995年	1996年	1997年
タ　イ	GDP実質成長率 経常収支 （GDP比率）	8.9% −6.7%	6.4% −7.9%	(0.6)％ −3.9%
	インフレ率 外貨準備高	5.0% 360億米ドル （95年末）	5.9% 377億米ドル	6.0% 280億米ドル
インドネシア	GDP実質成長率 経常収支 （GDP比率）	7.2% −2.4%	7.8% −3.3%	(5.0)％ −2.9%
	インフレ率 外貨準備高	8.7% 137億米ドル （95年末）	7.9% 183億米ドル	8.3% 203億米ドル
マレーシア	GDP実質成長率 経常収支 （GDP比率）	8.8% −6.2%	8.6% −4.9%	(7.0)％ −5.8%
	インフレ率 外貨準備高	3.4% 238億米ドル （95年末）	3.5% 270億米ドル	5.8% 177億米ドル
韓　国	GDP実質成長率 経常収支 （GDP比率）	7.8% −1.4%	7.1% −4.9%	6.0% −4.3%
	インフレ率 外貨準備高	6.6% 148億米ドル （95年末）	4.9% 340億米ドル	4.3% 313億米ドル

注：（1）外貨準備高は各期末。
　　（2）97年GDP実質成長率は危機前年96年末IMF見通し。その他97年数値は危機直
　　　　前の暫定推定値。
出所：IMFデータより筆者作成。IMF International Financial Statistics各号および
　　　"World Economic Outlook-Interrom Assesment−1997" IMF.

アジア諸国が内外経済政策目標上の相互矛盾の罠としての「国際経済学
のトリレンマ」に、国際金融市場の環境変化をきっかけとして陥ってし
まったという危機の本質と構図である。

表8　国際経済の政策目標選択間のトリレンマ

自由な資本移動	金融政策独立性	為替相場の安定	（参考）
×	○	○	資本規制体制
○	×	○	通貨同盟
○	○	×	変動相場制
△	△	△	管理変動相場制

注：表中△表記は、政策目標間の対立を表面化させない範囲で3つの目標の調和的漸進を
　　意味する過渡的体制を指す。
出所：筆者作成

　国際経済学のトリレンマは、表8のように要約される。すなわち、自由な資本移動と金融政策の独立性および為替の安定、という政策目標を3つ同時に達成することはできない。このトリレンマは、どの国のどの経済であっても潜在する問題であり、それゆえ経済発展と国際環境を見据えて、政策の程度と調和が図られている。東アジアにおいても同様であったが、新たな成長地域としての中国の急速な台頭とそこへの国際資本の投資シフト、それに対抗するための為替相場の固定化（ドル・ペッグ）による実質ドル建て投資の施策が折からのドル高と重なって固定化の維持への懸念を招き、自国通貨の売り投機と急激な資本流出を生み、危機に陥っている。後にもふれるロドリックの国際体制の選択可能性モデルは、この国際経済のトリレンマ・モデルを政治的体制選択モデルとして応用、発展させたものといえる。また、後段で論じているが、その枠組みでのブレトンウッズ体制の行き詰まりは、この東アジアの危機の構図に類似するところも多い。

　危機の主因と構図は上記のように要約されるが、国際ガバナンスの視点から看過してはならないのが、金融、経済のグローバル化に伴う金融市場の変化が深刻なトリレンマ危機を引き起こす原因となったことであ

る。当時IMFが、「21世紀型の新しい危機」とする見解を示したのも、これまでの「完全市場モデル」では理解しえない、民間対外債務を主因とした大規模な債務危機など前例がなかったゆえであろう。アジア危機は、自由な金融の資本移動がなされている状態において、各国政府による自国通貨価値を維持することへのしがみつきは危険である、という大いなる教訓を残したわけである。

　加えて重要なことは、経済のグローバル化そのものが国家の管理能力を上回る規模で市場の力を増大させてきたということである。

　しかし、当時においては未だその教訓や示唆がくみ取られることはなかった。たとえば、IMFは「新しい危機」としながらも、アングロサクソン型市場経済化を念頭にした調整政策を提示しており、後にそれが危機を一層増幅することになったと批判を浴びたように、問題の本質を捉えてはいなかった。安心と安定を求め（主に欧米の機関投資家）投資家が一斉に米ドルへの回帰に走ったことにより生じた逆流現象は、行き過ぎたリスクヘッジによる主要通貨回帰現象そのものであったが、その行為も反省もこの時点においては有効に生かされず、騒がれたわりには新世紀に入るころには地域的事象（新興国市場特有の）として片づけられていった。これには当時、直撃を受けずに済んだ先進主要国（欧米）に共通した姿勢であり、あくまで周辺国で起こった「アジアにおける特殊な危機」としてアジア危機を扱うことで終わった。責任はあくまでも欧米の高度に進化した市場経済システムに合わせることが敵わなかったアジア諸国にあり、ロシアやブラジル、アルゼンチンなどと類似する新興市場国特有の問題である、と片づけられていったのが実態であった。このグローバル市場化への発展期に起きた、それが内包する問題の軽視が、結果的には、約10年後のさらなる世界的金融経済危機、リーマン・ショッ

クを生起していくことになる。

3．国家を超えるグローバル経済化と地域共同体の新たな展開

（1）域内グローバル化としてのEUの超国家地域共同体化への挑戦

　1989年のベルリンの壁崩壊と東西ドイツ統合、1990年代初頭のソヴィエト連邦の崩壊など戦後冷戦構造が瓦解していくこととちょうど並行するかのように、経済面でも国際化からグローバル化への変化が加速し始める。そのグローバル化と国家を超える市場の台頭とそれを促すうえで強力な推進役となったのが情報ネットワーク化の進展であった。インターネットの加速的な普及に象徴される情報ネットワーク化の進展は、経済のグローバル化と世界一律化を、特に金融資本の迅速かつ巨額な流れを可能とさせ、世界をその情報プラットフォームのなかに取り込んでいくことを通じて加速的に推進していくことになった。国名変更したロシア、それまでワルシャワ条約のもと東側に囲い込まれていた諸国、あるいは中国を含めた社会主義経済体制諸国も、資本主義市場経済をベースとするグローバル・ネットワーク経済に取り込まれていくことになった。

　そうしたグローバル化への展開と並行して、EC以外の地域でも地域内広域共同体形成への動きが広まっていく。北米自由貿易地域協定、南米共同市場（メルコスール）、そして東アジア経済共同体構想などがそれであった。グローバル化に対するローカライゼーションともいえるそうした動きは、一見相互対立的動きに見える。事実、そうした文脈での論議も少なくなかった。共同体化が対外開放的でなければグローバル化に対立する関係となるからだ。しかし、経済発展と社会構造の変化の歴史

を振り返ってみれば、国際化やグローバル化は、社会の基礎構造である
経済活動の中心を占める生産関係の変化を反映した現象であることが推
察できる。

　グローバル化の進展に伴う地域共同体の形成はそうした文脈からみれ
ば、一国経済の範疇では管理も対応も限界になってきた実態と、その対
応としての社会経済構造がより類似する近隣地域での共同体の形成で段
階的にグローバル化に適応していく動き、社会の適応過程として捉えれ
ば必然的な変化で、グローバル化と何ら矛盾するものではないといえよ
う。その意味では、当初から想定されたものでなかったにしろ、グロー
バル化の進行の下でのヨーロッパの統合への歩み自体が、どのようにグ
ローバル化との調和を果たし、それがまた、どのように域内のグローバル
化ともいえる域内統合の深化を深めていくのか、さらにそうした統合
の進化のなかでどのように新たな国際社会の再編を主導していくのか、
という新たな意義が問われる段階に入ってきたといえよう。

　その新たな展開だが、1992年に締結され、1993年11月に発効したマー
ストリヒト条約により、ECはEU（欧州連合）へと衣替えし、国家同士が
これまでの経済統合を中心とする歩みから一歩踏み込み、政治統合体と
してのプロセスを歩み始めることになる。それは、1954年以来、仏独を
枢軸として結ばれてきた経済を中心とする共同体の結晶と、また西欧同
盟の有名無実からの脱却を図り、冷戦下の庇護を抜け出したヨーロッパ
が共通の外交・安全保障政策をもつことをめざした新たな一歩であった。
すなわち、アメリカ一極化の構図に対し、新たなスーパーパワーとして
の可能性を秘めた欧州独自の外交・安全保障体制の構築をめざすもので
あり、また市場統合と単一通貨の創設による通貨統合を踏まえての経済
統合の完成に向けた一歩であった。各国の権限の一部をEUに譲渡する

ことにより、議会の権限を強化するなど、理念が次々と実行に移され、名実ともにその姿を発展、深化させた結果としてのEU連合の成立である。それは、民主政治を基盤とする人権尊重と平和維持の新たな象徴であり、またポストモダン構造主義にみられるルールや枠組みづくりおよびアイデンティティの形成を通じた超国家機関としての第一歩でもあった。

　３つの柱によって成り立つマーストリヒト条約の一番の特徴は、第一の柱にみられる超国家性を有した類を見ない共同体の誕生である。EUはあくまでも国家間の連携を含め国家権限の一部を委譲された共同体であり、独自の行動をとれる国際機関としての国際法人格には満たないが、第一の柱に含まれる欧州共同体（EC）・欧州原子力共同体・欧州石炭鉄鋼共同体の３機関を統合した第一の柱こそ、戦後から連綿と受け継がれてきた試みが結実し、国際機関としての性格も兼ね備えた機関として、三本の柱の根幹を成すものであった。ECが有する超国家的性格は、上記にあげた関連機関や加盟国に対して以外にも、EU市民や第三者に対して権利・義務を直接的に与えることができるところにも見いだせる。通常、国際機関に個人の権利や義務に関直接関与することはなく、これを国家の権限としている。だが、加盟国はそうした権限の一部をECに委譲したととらえることができ、これをもってEUの基礎とも成している（それには、次に取り上げる単一通貨ユーロを管理する「経済・通貨同盟」も含まれる）。

　二本目の柱である、共通外交・安全保障政策は、従来の欧州政治協力（EPC）を受け継いだものだが、それを一歩踏み込み、外交に関する加盟国間の協力体制を確立し、共通見解を取りまとめていくことで、共通防衛政策の策定などをとり行っていくこととしている。

　さらに、最後の柱である、司法・内政分野における協力だが、これに関しては新たに導入がなされた分野であり、これは重大犯罪に対する司

法協力や国内政策の調整へ向けた内政分野での協力を取り決めたもので、加盟国間の見解を統一し、もってEU共通の措置として実施していくこととしている。

　ただし、この時点における第二、第三の柱は、主に加盟国間の政策調整が行われるにすぎず、制定された法令も国際法（特殊な地域的国際法）としての性質を有しているにすぎないので、第一の柱の分野における強力な効力をもった法令（加盟国法に対する優先性・直接適用性・直接的効力）としての性格を備えてはいない。また独自の行動や裁判所による司法統制も限定されたものであり、これらの点から鑑みても、二本目、三本目の柱は伝統的な国際機関の制度とほぼ変わらない。それゆえ、この時点においては、ECのみが国際機関を超えた存在としてあり、第二、第三の柱はあくまで政府間協力のもとに成立する機関であることにその特徴があった。つまりはEUというくくりではあるものの、厳密にいえばEUという枠組みを設定したなかでも、ECを中核とする政策や法令の実施がなされる、というのが実態に近いものであった。これがマーストリヒト条約に示された20世紀最後の改革であり、ここに超国家的性格を実現する力を兼ね備えた共同体が誕生することになった。その基盤となる経済統合、それまで50年をかけて統合を深めてきたその統合は、この時期、一挙に開花し、1999年には共通通貨ユーロが誕生し、流通していくことになった。

　こうして冷戦終結の象徴となったベルリンの壁の倒壊とドイツの再統合、そしてヨーロッパの安定は、経済成長と同時に経済統合を促進させ、マーストリヒト条約からユーロ導入に至るまでの一連の共通政策によって盤石な経済基盤を礎とした地域統合の深化と拡大を促していくことになった。

　周知のように、また前章細述の通り、第二次大戦後の欧州の復権をめ
ざすという政治的意図に始まる欧州の統合は、その基盤となる経済統合
の推進を軸に進められてきた。それが通貨統合を経て超国家的性格を備
えた共同体の域にまで進展してきたわけだが、この発展段階は、ベラ・
バラッサの「経済統合の理論」にほぼ沿った形で進展してきたといえる。[26]
バラッサは、地域統合の最終段階としての完全な経済統合に超国家機関
の設置を想定しているが、その段階では、政治統合を含めた超国家レベ
ルでの統合が具体化している状況となる。

　EUは国際環境の変動のなかでの紆余曲折を経て、このバラッサの統
合発展論における、「経済同盟」から「完全な経済統合」の玄関口まで
の統合を成し遂げてきたといえよう。なお、バラッサの発展段階論は、
統合の段階的深度を 5 段階に分けて示したもので（表 9）、1．自由貿易
地域、2．関税同盟、3．共同市場、4．経済同盟（通貨同盟、財政同盟）、
5．完全な経済統合（経済同盟に加え、政治的統合も含む）の 5 段階から
成っている。

表 9　ベラ・バラッサの経済統合発展段階

発展段階	概　　要
1．自由貿易地域（協定）	参加国間相互の関税等貿易障壁の撤廃 （参加地域外の関税は各国独自設定）
2．関税同盟	域内貿易障壁撤廃と域外共通関税の設定
3．共同市場	参加国間の資本、労働などの移動制限の撤廃
4．経済同盟（通貨統合、財政統合）	共同市場を基礎に経済政策の調整（統一化）
5．完全経済統合	経済同盟に加えて政治的統合も包摂

出所：Ballassa, B.A.（1961）The Theory of Economic Integration,（中島正信訳『経
　　　済統合の理論』1963年）をベースに筆者作成

　4段階の経済同盟は、共同市場の成立を基礎として、経済政策の統一的調整が図られる段階としているが、EUは通貨同盟を実現したが財政同盟は道半ばの状態で、バラッサの分類に従えば、EUは4段階半ばから5段階に向かう途上にあるとみなされよう。

　以上のように紆余曲折を経ながらも、関税同盟段階までの対外防御的色彩の強かった"Fortress Europe"（要塞化の欧州）から、世界的な貿易・資本取引の自由化に伴う世界経済の国際化、グローバル化が進行し始めるなかでの対外開放度を高めながらの"Fortless Europe"（要塞なき欧州）化への経済統合の高度化と地域共同体化への歩みは、記述のように、グローバル化に対立する統合の歩みではなく、本質的に社会・経済構造が類似するEUが地域としてグローバル化に段階的に適応していく歩みであったと捉えられよう。この言わば、域内グローバル化への展開をバラッサの発展段階説をも踏まえて要約、図示すれば図2のように示されよう。

図2　グローバル化と地域統合の発展、統合形成の流れ

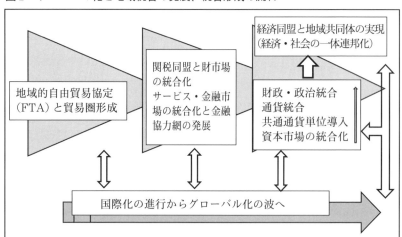

出所：諸資料より筆者作成

（2）経済統合の高度化から共通外交、安全保障政策でのソフトパワーの醸成

　一方、第2の柱での展開をみてみると、経済統合の大きな進展に伴いヨーロッパ全体に好景気ムードがひろまり、経済的な結束による成功に裏打ちされた自信が、アメリカとは異なる形での力（ソフトパワー）を発信していけるベースとしての期待を高めた。国際社会におけるアクターの多様性についてはすでに1980年代におけるアカデミック・フィールドでのさまざまな著作によりその認識が確立してきていた。その下で、アメリカ一国の覇権によるヘゲモニーとパワーポリティクスは認めつつも、EU主導による火力を武器としない、民主政治やルールづくりによる体制構築、いわゆるソフトパワーの浸透によるボトム・アップ・アプローチでアメリカに対抗しうる唯一の超国家体が形成される期待が高まっていた。

　生来一国主義に偏りがちなアメリカの、ハードパワーを全面に押し出して、ともすれば上から強引に物事を進めようとするトップダウン・アプローチに対し、唯一まともに張り合える可能性を有するスーパーパワーとして、EUの外交政策などを重視したやり方が評価され、EUのグローバルなステージに及ぼす影響力が国際面、貿易面におけるルール策定などを通じ、アフリカおよびアジア方面にも広く浸透していった。[27)]旧イギリスの植民地であるインドの民主主義的な要素から中国のルールづくりの手本に至るまで、EU独自のパワーは確実に、他国家の見本として浸透を見せ始め、経済統合などの成功体験を含めて、東アジアにおける経済統合への手本ともなっていく。さらにEU自身の結束を強めるため、深化と拡大をさらに推し進めていくことになった。

　そして一つの歴史的瞬間を刻んだのが、1999年の単一通貨ユーロの導

入であった。市場は新通貨の切り替えにあたり一時の混乱はみせたもののすぐにおさまり、参加各国での通貨切り替えは順調に進み、ユーロの名目ドルレートも実質実効レートも切り替え後2年目あたりを底に、その後のEUの金融危機直前まで大旨右肩上がりで安定的に推移していくことになった。名実ともにドルに次ぐ第二の国際通貨として好調なスタートを切り、通貨統合まではあと20年はかかると見られていた予想を大幅に先取りしていくことになった。この通貨統合の幻想的なまでの成功は、さらなる自信と政治統合への深化および周辺国への勢力拡大に意欲をふるい立たせることになった。

　だが一方で、政治統合に関しては未熟であり、マーストリヒト条約の締結に至る1990年代初めの時期においてもEPC（欧州政治協力の枠組み、1970年導入）の下で共通外交や安全保障政策は、ほぼ機能不全の状況にあることに変わりはなかった。マーストリヒト条約によってようやく、これまでなおざりにされてきた共通外交・安全保障政策が初めて積極的に導入されることになった。1970年に導入された欧州政治協力（EPC）にルーツをもった「共通外交・安全保障政策」(CFSP) が法人格をもった第一の柱（EEC・ECSC・EURATOMから成るEC共同体）に加えて第二の柱として政府間協力（IGC）の枠組みで設置されたのがそれである。[28]だが、発足したてのその時期に偶発的に生じた後述の2つの内紛により人道主義を掲げた共通外交政策はいきなり困難に直面し、混迷に陥ることになった。

　また、安全保障の面でも、これまで対ソヴィエト連邦（ワルシャワ条約機構）との対峙を存在意義としてきたNATO自体の役割が問い直される時期とも重なったことにより、アメリカ主導のNATOに対し競合し得る勢力となる動きへの警戒が示され、安全保障政策での域内協調の進

展はみられなかった。ドイツの東西統合によるドイツ帝国の復活を懸念したミッテラン大統領率いるフランス、およびサッチャー首相率いるイギリス（もともと一貫してアメリカ寄り、NATO優先に軸足を置き、EUの安全保障政策には消極的であった）の疑念もくすぶり続けていたため、EUの安全保障領域での進展はカメの歩みであった。実際ベルリンの壁崩壊から20年経った後に公開された外交文書には、当時サッチャー首相もミッテラン大統領も何より統一ドイツの超大国化を恐れ、それを阻止すべくロシアにまで再統一防止策を講じてくれるよう働きかけようとしていた事実も明らかとなっている。

　英仏両政権がドイツの分断により保ってきた戦後ヨーロッパの勢力図が変わってしまうことを恐れていたことの反映だが、反面で東西統一が実現し、EUが誕生すると対外的にヨーロッパの懸念事項として残ったのはバルカン半島問題だけとなった。その重要性もアジア・湾岸・中東地域の問題と比較して優先順位が高いとはいえないものとなった。冷戦の終わりを迎えるなかで軍事的優先度の下がったヨーロッパではアメリカの傘やNATOの実質的な防衛に関する期待が薄れていくことになった。だが、それは同時に、これまで棚上げにしてきた防衛問題にEU自身が独自に真剣に向き合わなくてはならなくなることを意味した。アメリカの傘が畳まれれば、必然的に己で傘をつくらなければならなくなってくるからである。

　マーストリヒト条約締結による共同体の誕生のなかで、3つの柱のうちの一つである共通外交安全保障政策（CFSP）は、その外交政策および安全保障に対し真剣に向き合うための大きな転機となっていく（Oswald, 2007）。ただし、その機動には時間が必要であった。経済面に比べ積み上げてきた十分な準備期間もなく実績にも乏しいハイ・ポリティクスにお

ける分野で、英仏両国から東西ドイツ統一が新たな脅威として見られて
もいたこの時期、成立間もない組織が簡単にまとまるはずもなかった。
そんななか、冷戦下で抑えられてきた各地の内部紛争が次々と噴出する。
彼らが懸念したドイツ帝国の復活は起こらずに済んだが、そうした身内
への警戒を続け内輪もめをしている間に、続けざまに勃発した2つの内
紛、すなわち1995年のボスニア内紛、そして1999年のコソボ内紛、への
介入対応の遅れを招き、ジェノサイドという最悪の事態を招くことにな
る。

　冷戦の終結は、大国間の戦争が起こる可能性から遠ざかった印象を広
く世界に植えつけることになった。冷戦下で働いていた核の抑止力を背
景としたパワー構図の崩壊、水面下に押しやられてきた各地の民族問題
を瞬く間に表面化させた。さらに、それはグローバル化の進展とともに、
地球規模で地域紛争を広げていくことになった。そうしたなかで1991年
に始まった旧ユーゴスラビア（Social Federative Republic of Yugoslavia,
1945-1992年）の崩壊は、戦後ヨーロッパ地域で経験する最悪の紛争を巻
き起こし、これまで経済統合に重点をおいてきたEUに総合的軍事政策
の必要性を認識させ、安全保障論議を再燃させるターニングポイントと
なった。ジェームズ・ゴーが指摘したように、ユーゴスラビア紛争にお
いて「1991年12月のマーストリヒト首脳会議の準備をするにあたって中
心的課題となったのは、ECメンバーによる新生CSFPの創設だった」
（G・ジョーンズ、2007：125-6）。1991年6月、クロアチアの独立宣言に続
き、1992年ボスニア・ヘルツェゴビナが独立したことは、セルビア人の
民族感情に火をつけた。国連は早い段階から、この人種差別を根とした
緊張の高まりに警鐘を鳴らし、サラエボへの人道的支援を行うとともに
セルビア人側に経済制裁を科したものの、徹底はできなかった。隣接し

た国境をもつEUとしても、この事態を無視できず、交渉を軸に対応を試みた。しかし、ユーゴスラビアが統一された状態の維持を望んで交渉にあたったEU内部でも意見の相違があり、一丸となった対応は遅れた。スロベニアおよびクロアチアとの関係から"自国での意思決定を尊重すべき"とするドイツの意見と、ユーゴスラビアの"統一こそが最優先である"とした英国、フランス、イタリアの意見に分れて、意思統一が図れなかったからである。さらには、19世紀に遡った勢力均衡に思いをはせた戦略の再考を体現することを試みた英・仏が、セルビア人のバックにつき、クロアチア側についていたドイツとの間で分裂を招いて、EU内一丸となった対応を遅らせたことも大きかった。[30]

　さらにこの時期、EU独自の再軍備化に懸念を抱いていた米国の警戒も対応を遅らせる原因となった。当初「ヨーロッパ内の紛争はヨーロッパが解決すべきでありアメリカはいちいち干渉しない」という姿勢を示した超大国の傍観がNATOの軍事介入に至るまでにいたずらに時間を費やさせた。結果、人類史上最悪な事態の一つであるジェノサイドを引き起こしてしまい、介入が遅すぎたことを示すだけの結果に終わった。[31]バルカン半島の問題は、つまるところヨーロッパの対応がジェノサイドを防げなかった事実によってEUへの期待とイメージを大きく損なうことになった。

　ジェノサイドの発生は、「人権の尊重」という崇高な理念をCFSPの規定の前文に掲げたEUにとっては国際的に大きなダメージとなった。その発生は、経済共同体としての目覚ましい成長で米国にも匹敵する規模の経済を築きあげ、ハードパワー外交に傾斜しがちな米国に対してソフトパワーで対抗可能なスーパーパワーの台頭とまで見なされるまでになったEUが、共通外交・安全保障政策分野における能力の限界を露呈

した出来事でもあった。「NATO（アメリカ）がいなくては何もできない」とする批判は、EUとしての統率された意思をもって軍事力を適切に行使できなかったことへの痛烈な批判でもあった。実際、アメリカ主導のもと、空軍に至っては兵力の4分の3を、さらに情報の大部分を米国に頼るような状況下で、EUの参加各国軍は、NATO指揮下で動かざるを得なかった。EU内部の大国同士（英仏独）による利害対立が判断や意思の統一の遅れを招いたことは既述のとおりだが、それに加えて、結成されたばかりで組織としては赤子同然であったCFSPは組織的にも能力的にも未だ起動しうる段階になかったことに負うところも大きかった。NATOの軍事介入で事態が収束に向かったこともあり、「NATOの軍事力なしでは不可能だった、EUは安全保障問題に不可欠な要素としての軍事力と軍隊を事実上行使できる状態になく無力であった」（Jones, 2007; Pond, 1999）などの痛烈な批判を浴びることになった。これを契機に極端な状況（高度な政治的判断を有する事項）におけるEUのリーダーシップの脆弱性は、これまで以上に多くの研究者による指摘に晒されていくことになる。[32]

　ボスニア・ヘルツェゴビナおよびコソボ紛争での致命的な失態は、人権を重要な柱としているEUにとって大きな禍根を残し、EUが一丸となって積極的な国際紛争への介入にあたる必要性をあらためて突きつけることになった。さらに、冷戦構造から解放された世界情勢の下で、アメリカがヨーロッパ国内で引き起こされるあらゆる危機の解決を保証するものではないとしたことも、その動きに拍車をかけた。ここに、EUとNATO、それぞれが第一の優先事項として継続的に連携していることを確認しながらも、EUはアメリカの傘を抜け、自らの予算で独立したEU軍の創設を視野に入れた共通安全保障政策を進めていくことになる。[33] 以

降、アメリカとの緊密な同盟関係を守ってきた英国政府だけでなく、大陸側のEU諸国もEUの軍事化へ向けて前進し始めることになる。

　90年代から2000年初頭、政治的・軍事的な面において成功を誇れる材料は無きに等しく、失敗に終わった無力さは、EU軍の必要性をあらためて浮き彫りにした。戦後50年を経て、1998年以降英仏軍のサン・マロ条約の共通安全保障防衛政策（ESDP）の進展にみられるような、各国間軍事協定による模索を本格的に開始していく。そして1997年6月に合意したアムステルダム条約において新設された「共通外交・安全保障政策上級代表」により、EUの外交政策の調整を一手に担う、いわば「EU外交政策への直通電話」が繋がっていった。また、NATOとの関係を含めた欧州軍事同盟のベースであるWEU（西欧同盟）の見直しと合わせ、安全保障政策の基盤整備が進められた。1955年5月以来、冷戦下の西欧軍事同盟としてNATOの傘下で存在してきたWEUは2000年5月にEU組織内に吸収される（同年6月消滅）も、その危機管理機能に代わる政治・軍事機構の常設を決定する。さらに2003年には共通安全保障・防衛政策（CFSP）の軍事作戦導入がボスニア・ヘルツェゴビナで警察ミッションとして開始された。米欧関係も、長年の課題であった欧州統合軍とNATOの関係の調整を軸に調整が進められた。その積み重ねのなかで、G・W・ブッシュ米国大統領（2001-2009年）の方針転換を受けて、すなわち、これまでEU独自の安全保障政策をけん制してきたアメリカの姿勢が変わったことで、ベルリン・プラスの枠組み（EU主導の作戦に北大西洋条約機構（NATO）の軍事能力を使用するための取決め）も2002年12月に合意をみて、NATOとの協力関係も一気に進んだ。協力関係の進展は、その合意をベースに、翌年の末には同地域でのNATOの軍事作戦をEUが引き継いでいる実績からも窺われる。こうして、経済統合面での発展

をベースに新たなスーパーパワーの台頭として期待されながらも冷戦崩壊後の世界で実力不足を露呈したEUではあったが、その反省とともに防衛面の総合対応能力の強化を迫られたEUは、上記に見るように、その共通外交・安全保障政策の基盤であるCFSPの機構を着実に整備していくことになった。

　こうしてEUは90年代を通じての経済・市場統合の拡大と深化の成果をベースに、EU発足を契機として、当初の躓きはあったものの政治分野としてのハイ・ポリティクスの面でも斬新的ながら統合の基盤を着実に整えていくことになった。経済共同体というロー・ポリティクスから始まった、そのEU統合は、ブレトンウッズ体制の補完軸として経済安定圏の確立を第一に「閉ざされた地域統合」アプローチで進められ、1980年代初頭に行き詰った。その行き詰まりが転機となり「開かれた地域統合」へと統合アプローチは大きく転換した。それは、理念先行というよりも、世界的な資本取引規制の自由化とあいまった経済の国際化からグローバル化への流れを取り込んだ現実的統合が不可避となったためであった。"Fortress Europe"から"Fortless Europe"アプローチへの転換、それが90年代の市場統合の成功と通貨統合に見るロー・ポリティクスでの成果を生み、ハイ・ポリティクスでの統合基盤を形成していったといえよう。

　そして、EUは2008年の世界金融・経済危機（リーマン・ショック）の発生まで経済、政治両面で順調に統合の深化と拡大を進め、スーパー・パワーの一つとしての存在感を高めていくことになる。リーマン・ショックは後述のようにグローバル化の暴走の産物であり、国際ガバナンスの歴史的危機の序章でもあった。

　無制限のグローバル化の進行は、社会経済体制の世界同時一律化を進

めることに他ならない。発展段階が大きく異なる民族国家経済と社会で
構成される世界の同時一律化は必然的に無理があり、その軋みが反グロ
ーバリズムと排外主義や自国第一主義を生み、国際社会の分断を招いて
国際協調ガバナンスの基盤を突き崩していくことになるからだ。グロー
バリズムの進行を止めえるか、止めえないとすれば、それとの併存の道
はあるのか。世界はこの重大な課題に直面していくことになる。そうし
たなかで、社会経済構造が類似する地域間での地域統合を対外開放的に
漸進的に拡大していくというEUの地域統合への歩みは、国家を超えた
広域的地域共同体という小宇宙を先行的に形成しつつ、グローバル世界
という大宇宙への漸進的融合を図る試みとも捉え得る。その意味で、ま
ず地域統合から始め、その積み重ねと発展段階に応じた世界グローバル
化への段階的接近として、世界経済統合かグローバリズムとの対立か、
の二者択一でない第三の道の模索へ歴史を積み重ねてきたEUの統合。
その経験はグローバル化との融合への現実的接近モデルとなり得よう。
その紆余曲折を含めて、結果的にEU統合の歩みと経験は、グローバル
化進行下での新たな国際ガバナンスの再建に向けた論議と方策にも重要
な示唆を内包しているといえよう。

【注】

1) BBC ON THIS DAY | 3 | 1989: Malta summit ends Cold War参照。
2) On This Day 1950-2005, "1989: Malta summit ends Cold War"
3) Fukuyama, F. (1989) pp.3-18参照。
4) 詳細は、Carr E.H. (1946) 参照。
5) ただし、ジェノサイドを招いてしまった以上、「介入は遅すぎた」との批判は多い。
6) Communication Decency Act Article230（通信品位法、CDA230条）
　　同法230条のポイントは、プラットホーム事業者（やサイト運営者）は、問
　　題あるコンテンツが投稿されても責任を負う必要がない免責規定にある。ネ
　　ット媒体網は新聞等と異なり、コンテンツのホストにかかわる義務を負わな

い。いわば情報の伝導管に過ぎないと位置づける考え方となっている。どう規定に対しては、プラットフォーマーが、その免責条項にあぐらをかいて適切なコンテンツの監視を怠っているとの批判が今回強まっている。

7 ）円居（2002）、毎日新聞社エコノミスト、2002/1/22.号

8 ）同上。

9 ）詳細は、Schmitt, H.（1972）参照。

10）詳細は、Rosecrance, R.（1986）参照。

11）この「新たな古典派経済学」は本来「新古典派経済学」と経済思想史的には呼称されるべきであったが、19世紀半ばの限界革命により精緻された古典派経済学がNeo-classical economicsと呼称分類され、それが「新古典派経済学」として翻訳呼称されてきた。そのため現代のNew-classical economicsは便宜上「新しい古典派」と一般に表現される。原語は“Neo”と“New”と表現区別され、前者“Neo”は、変更や改変の意味をもつ。古典派の枠内での精緻化であったことを反映した表現と言える。一方、フリードマンにはじまるながれは、古典派に期待の概念など新たな衣を付け加えたものなので、新たな古典派として“New”が当てられてきたとみられる。前者は例えば「近代古典派」、後者は「新古典派」とするのが経済思想史的にもより合致すると思われるが、本書では通例も考慮し、「新たな古典派経済学」との表現とした。森嶋（1994）。HUNT.E.K（2002）*HISTORY of ECONOMIC THOUGT*. Updated second Edition. M.E, Sharpe, London.他参照。

12）Rodrik, D.（2011）（柴山佳太・大川良文［訳］）より引用。

13）詳細は、Rodrik, D.（2011）（柴山佳太・大川良文［訳］）参照。

14）Akerlof, G.A.（1970）参照。

15）OECDデータ。

16）同上。

17）ロドリック（2014）227pより引用。

18）EAST ASIA MIRACLE: Economic Growth and Public policy, A World Bank Research Report,（1993）参照。

19）円居（1999）参照。

20）Strange, S.（1996）（櫻井公人訳（1998））参照。

21）Rodrik, D.（2011）（柴山佳太・大川良文［訳］）参照。

22）Paul Krugman,“*the Myth of Asia's Miracle*”, Foreige Affairs, November/ December 1994. pp.62-78.

23）高坂（2000）。

24）円居（1999）。

25）同上、p.59引用。

26）詳細は、Balassa, B.（1961）（中島正信［訳］（1963））参照。

27）詳細は、McCormick, J.（2007）参照。

28）CFSPは、その規定前文で欧州の独自性を3つの点から表明。①EUの共通価値、基本的利益、独立の保護、②EUおよび加盟国の安全保障の強化、③民主主義、法の支配、人権および基本的自由の尊重と確立。

29）Jones（2007：125-6）をジェームズ・ゴーより引用。

30）Pond（1999）より引用。

31）Batt 2004：3など。

32）ones, Pond, Wallaceなど参照。

33）Lobe Robertson（2001）.

第6章　グローバリゼーションの暴走と国際ガバナンスの分断

1．グローバリゼーションの暴走と世界危機

（1）金融市場の暴走が招いた未曾有のリーマン・ショック

　情報技術がもたらした変革は、その技術が浸透するにつれ世界規模で経済社会の加速的な構造変化をもたらすことになった。それと相まったAI化やロボット化の進展を含めて「第4次産業革命」とも呼ばれるようになったこの情報ネットワーク革命は、"B to B"（企業間）レベルから"B to C"（企業―消費者間）レベルを経て"C to C"（消費者＝個人間）のレベルへ広がり、国境を瞬時に超えてあらゆるレベルで情報へのアクセス、発信と共有が可能となった。この発展の中核となったのは周知のように2000年代に入って急速に普及を見たインターネットであった。

　世界銀行の調査でその普及を一瞥すれば、2015年の各地域のインターネット利用者数は、2006年からの10年足らずで、普及が先行した米国は言うまでもなく北米南米合わせた米州地域でも倍に、欧州でも約1.5倍に増加をみている。欧米に後発したアジア・太平洋地域では3.5倍に、そしてアフリカでは7倍に急増している。これをトーマス・フリードマンは世界が「フラット化」したと表現し、IT革命のもとネットワーク通信技術の発達と、インドや中国の経済成長が世界経済と一体化し、同等な条件での競争を可能とする時代に来たことを指摘している。[1]

　この指摘は、当初、戦後の国際体制の基本枠組みを成してきた国民国家をベースに構成される主権国家間の国際体制を前提とした埋め込まれた自由主義の概念の下で、様々な規制や条件が異なる諸国家の経済、社会体制が混在するなかでは大げさな見解として受け止められた。しかし、米国が先導し、ネットワーク・フラット化（情報ネットを通じた経済、社会の一律平準化）の流れをつくることで、主要国はそれに沿い国内規制の緩和・自由化を加速させていくことになった。それが端的に表れたのが、金融の自由化、規制撤廃による金融市場の"Global Financial Village"化であった。

　金融規制の自由化の流れは、遡れば1975年の米国ニューヨーク証券取引所の証券取引手数料の自由化に端を発するが、それを契機に他の先進国市場でも斬新的に自由化が進み、それと並行して金融技術の革新も進んだ。ただ、1990年代までの自由化は、基本的に金融業態間の不公平を是正する範疇にとどまっていた。1929年恐慌の教訓としての銀行と証券の分離を規定したグラス・スティーガル法が実質形骸化されたのは、1999年の「グラムリーチ・プライマリー法」の成立を待ってであり、この法律をもって、長年にわたり厳しく規制されてきた投資銀行業務、商業銀行業務、ならびに保険業務の兼業禁止を無効としたことで、結果的に過去の大きな教訓の下に分離されていた各業務の統合一律化、ユニバーサル・バンキング化への流れを許すものとなった。この法の成立を機に、折からのインターネット網の普及と並行して、金融業界は、垣根を越えた商品開発競争、金融工学技術開発競争を世界規模で急速に進めていくこととなる。

　金融は確率とリスク分散に関する理論とその応用実践が支配する世界に移行するとともに、国際的規模でその開発競争と新金融商品が販売さ

れていくことになった。だが、それが市場の暴走を招き、金融テクノロジーバブルの崩壊として世界を震撼させていくことになる。それが、2008年9月に起きたリーマン・ショックであった。

　リーマン・ショック危機の発生を端的に要約すれば、2つの代表的な理論を背景に開発された新たな金融商品、なかでも2つの金融商品を軸に危機が進行したといえる。理論面では、H・M・マコービッツによる"Modern Portfolio Theory"[2]によるリスク分散の理論とF・ブラックとM・ショールズによる"Black-Sholes Model"[3]に基づくオプション価格の理論の応用であった。これらが、リスク分散としての再証券化商品や各種デリバティブ（元取引からの派生金融商品）取引を生み、金融バブルを生成していった。なかでも、再証券化証券としてのCDO（Credit Debt Obligation）とCDS（Credit Debt Swap）の拡散がバブルを主導し、またそのバックファイナンスとして進んだシャドー・バンキングによる銀行信用の膨張がバブルを加速させていった。

　その危機展開の全体像は図3（次頁）のように要約されるが、その危機に至るバブルの生成波及のメカニズムを、米国住宅ローンの証券化から再証券化の組成、販売の展開からより具体的に要約すれば図4（137頁）のように示されよう。危機は、その崩壊による膨大な信用の逆流による信用収縮によって引き起こされたが、信用危機の表面化自体は、2007年のBNPパリバ・ショックに始まっている。それは、市場のグローバル一体化の進行の下で未曾有の世界規模で証券化、再証券化バブルが進んでいたことを示唆するものでもあった。

　低所得者向け住宅ローン（サブプライムローン）をはじめとする様々な証券化金融商品（モーゲージ債・CDO・CDSなど）に潜在した計り知れ

図 3　リーマン・ショックの危機展開の構図

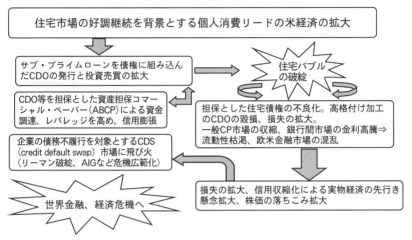

出所：諸資料より筆者作成

　ないリスクは、パリバ・ショックの翌年の2008年に至って米国 5 大投資
銀行（当時）の 1 つであったリーマン・ブラザーズの行き詰まりによっ
て一挙に表面化し、世界を1929年恐慌以来の金融・経済危機に陥れるこ
とになった。
　2000年代初頭に高度に発展した金融工学の最先端としてもてはやされ
た理論に基づき生成された金融商品類は、価格変動リスクに関するリス
ク分散に偏重したものであり、金融取引の最も本質的な信用リスクにつ
いては等閑視されたものであった。卵を 1 つのバスケットに入れないと
いう原理に基づくマコービッツのリスク分散理論の応用としての再証券
化商品や高度な数学を駆使したブラック・ショールズ・モデルに則った
オプション取引の価格決定モデルによるデリバティブ取引等が急速に広
まり、金融取引は銀行の信用仲介（Credit Intermediation）から「リスク
の仲介とリスク管理（risk intermediation & risk management）」が支配
する世界へと急速にシフトしていった。

　新たな金融商品は、価格変動に関して理論上「リスクを限りなくゼロに分散する」ことを可能とすることが証明されたため、あたかもリスクが存在しないかのように現実の取引では誇張され、結果的に全体のリスク（システミック・リスク）を増幅させながら市場の暴走を招いていった。本来であれば並行して開発されるべきであった「リスク回避のための商品開発」を怠ったことも事態の悪化に拍車をかけた。[4] 危機の源流となった米国低所得者向け住宅融資（サブプライム・ローン）を例にとれば、そのローン債権を資産担保証券として証券化してそれを他の証券と組み合わせて新たな証券、再証券化証券をつくり販売していった。その根本にある住宅融資としての信用リスクは、サブ・プライムの呼称が示す通り借り手の信用度が低く信用リスクの高いものであったが、それを自動車ローンや一般商業ローン債権と適宜の比率で組み合わせて分散によるリスク低減を図って再証券化商品として販売していった。適宜の組み合わせによりそこに潜在するリスクは投資家には認識できないものとなっていったが、リスクが見えにくくなくなった（かに思えた）ことで、却ってリスクテイクを是として利ザヤを増すことを許す風潮も広まり、詐欺行為ともいえる行動が無秩序に正当化されていった。[5] さらには、リスク分散のもと再構成された証券商品には、信用格付け機関S&P（スタンダードアンドプアーズ）やフィッチ（フィッチレーティングス）なども積極的に高い格付け評価をすることで信用度を高めその商品がもつ本来以上の価値をもって再証券化証券（CDO）を広く普及させていくことになった。

　この金融バブルに先行しそれを後押してきた世界景気がピークに向かう2006年時点での世界の資本の流れを見てみると、アメリカへの資本流入は、（多い順に）イギリス、中国とASEAN諸国、そして日本となって

図4　サブ・プライムローンの証券化と規模

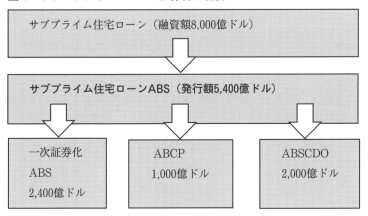

出所：モーガン・スタンレー証券推計値をもとに筆者作成

図5　住宅担保証券の証券化、再証券化とバブル化のメカニズム

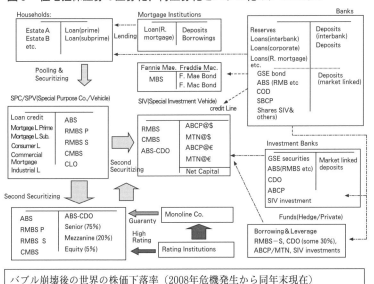

出所：各種ベース資料より筆者作成

いる。また世界の資本の第一の回転台であるロンドンでの証券取引額を見ると、（多い順に）対米5,600億ドル、対独3,650億ドル、対日1,260億ドルに上っている。[6] 2006年年間の世界の証券投資額2兆8,000億ドルはアメリカの経常収支赤字約8,000億ドルをはるかに超える巨額であり、サブプライム証券を組み合わせた証券化商品を介して英米間の資金循環の流れを軸に資本投資が膨大に膨らんでいたことが窺われる。

　こうした展開に照らすと、21世紀に入っての世界金融は、構造的にも田中（2010年）が指摘するようにすでに「アメリカ・イギリス両国を基軸に絡み合い、グローバルな金融相互依存の世界を作り上げていた」（田中2010, p129）[7] と見做される。世界の金融ストックとしての資産（対する側からみれば負債）の蓄積は、GDPに対する金融資産比率で見て、1970年末の世界GDPの50％から1980年末には109％に増加し、2005年半ばでは316％に達し、過去数十年で6倍以上に増大している。その中心にあった米国の好景気は、残念ながらアメリカ経済の成長を軸としたものでなく、実態的には、金融緩和政策、減税政策、原油高そして住宅バブルと、様々な因子が総じて好景気状況を呈していたにすぎなかった。だが、その好景気と成長持続期待が資本流入を煽り、その余剰が米国から今度は世界に投資されていくという形で、尋常ならざる資本流出入を引き起こして金融バブルを世界的に支え増幅していったと見なされる。

　2008年9月、リーマン・ブラザーズの破産申請がなされたとき、その前に大量のサブプライム関連商品を保有し破綻申請したベア・スターンズが救済された例もあり、誰も世界有数の（リーマン・ブラザーズ規模の）投資銀行が救済なく破綻に追い込まれるとは予想していなかった。また、世界有数の投資銀行を（救済せず）破たんさせることで、それを震源として世界が致命的な経済危機に直面するなど、それこそ夢にも想定されて

いなかった。2007年には住宅ローン破産が増加の一途を辿っていて、年が明けた2008年初頭には、金融システムの中核に位置する投資銀行のバランスシートに疑念が広まってはいたが、また３月にはベア・スターンズの破綻が決定的となったが、この時点における米政府の対応はまだ個別対応の問題と捉えられていた。しかし、住宅バブルの崩壊は一挙に再証券化証券の信用リスクを顕在化させ証券化商品の価格暴落を一気に招くことになった。CDOの組成、販売に世界規模で深く関わってきた投資銀行のバランスシートは大きく棄損するとともに、債務保証保険契約取引としてのCDSも一挙にその保障リスクが顕在化することになった。またその背後にあってシャドー・バンキングと呼称された関連融資を膨らませてきた銀行もバランスシートの大きな棄損懸念に直面することになった。

　その結果の象徴が、2008年９月のリーマン・ブラザーズの破綻劇であった。約6,000億ドルという米国史上最大の途方もない負債総額を出し、そのショックは関連企業のみならず、世界市場に激震をもたらすことになった。先に救済を受けたベア・スターンズの例があっただけに「大きすぎてつぶせない」と踏んでいたのは何も市場だけでなく、投資銀行自身もそう期待していた（モラルハザードの問題）に違いなかったが、その期待は見事に裏切られる形となった。政府による救済（最後の貸し手）が立ち消えた瞬間、リーマンの破綻は決定的となる。[8]その動揺の大きさを目の当たりにして、小出しにしてきた対応の過ちがもたらした想定外の被害規模に、すぐさま米国政府は姿勢を転換し、同年10月３日には、ブッシュ（Jr.）米国大統領が、金融システムに7,000億ドルの金銭支援を行う緊急経済安定化法案に署名した。しかしそれは、もはや焼け石に水であり、結果として世界規模の信用収縮による連鎖的なグローバル金融危機を招くに至ってしまった。米国の５大投資銀行は巨大商業銀行とと

もに米国を代表する金融機関であり、共和党、民主党政権を問わず常に米国の財務長官を送り出してきた金融機関であって、当時の財務長官も投資銀行出身であった。その投資銀行の破綻を救えなかったのは、金融機関と市場の破綻の規模が政治のレベルを超えて遥かに大規模であったことによっていた。それは巨大銀行が救済余力を欠いていたのみならず、その後明らかになったもう1つの時限爆弾がさく裂の危機を呈していたからであった。

　同じ頃、CDS債務保証という遥かに大きな債務問題を世界最大の米国保険会社であるAIGが抱えていた。AIGの破綻は世界金融市場の崩壊を直ちに招きかねず、かといってリーマン・ブラザーズも含めて救済を行うことは米国政府さえ困難であった。その結果、事の重大性からAIG救済を選択せざるを得なかった。リーマン破綻の国際波及は、ウォール街からシティへ、さらには世界のインターバンク市場をめぐり、たとえば、英国でも、ノーザンロック銀行の破綻から、銀行自体の信用不安による連鎖反応を引き起こしていった。その巨大投資マネーは優に一国の中央銀行の対応能力を超え、ベイル・アウトのみではまったく太刀打ちできない事態から、とうとうベイル・イン（破綻の際、債権者にも損失吸収させることで、納税者負担を回避する）の必要性まで提示された。また、先進国のみでの対応に限界がちらつくなか、同2008年11月14、15日には、初めてG20による協調介入なども併せて実施され、銀行の世界的な連鎖破綻から生じるシステミック・リスクはかろうじて回避された。[9]

　これ以降、透明性の確保、（必要な）グローバル規制、クロスボーダー監視体制、など、世界レベルでの方向性の模索がなされ、このときにスティグリッツらを中心としたチームが組まれ、メルケル独首相とサルコジ仏大統領両名によって「ブレトンウッズのような体制づくりが必要だ」との提案がなされた。後段でふれることになる「ブレトンウッズⅡ」と

呼ばれたこの提案は、その後のリーマン・ショックの余波となるギリシャ危機を契機とするEUソブリン危機に直面して実現には至らなかったが、世界システムの再構築を促すための重要な第一歩となり得る提案であった。だがそれさえ、更なるグローバル市場化の進行により、実現性を難しくしていくことになる。

　リーマン・ブラザーズの破綻は、その総負債額の大きさとともに、これまででは考えられなかった2つの常識を覆すことになった。一つは、最後の貸し手（LLR＝Lender of Last Resort）としての国家（＝政府）にとっても「大きすぎてつぶせない」ため、「必要に応じて（必ず）救済がなされるだろう」という自国政府に対してあった絶対的な信頼（これがモラルハザードの温床ともなっていた）が崩れたことだ。中央銀行による最後の貸し手機能であるLLRによる救済措置の可能性が消えた瞬間、決定的となった破綻は、想像以上に破壊的結果をもたらし市場を凍りつかせた。もう一つは、規制緩和により複雑に絡み合った国際金融市場の予想を上回る連鎖反応に加えて、覇権国家であっても対抗しかねるほどに市場の規模と力が拡大してしまった金融市場の暴走と自壊が、長年米国の覇権の下での「（ドルを中核に据えた）信用創造で成り立つ世界の金融市場の秩序と存続性」いう暗黙の前提に疑念を生じさせたことである。それは、次にみるリーマン・ショックの第2幕として生じた欧州の国家債務危機を受けて最後の拠り所としての国家の信用と対応力への疑念を加速させて、国際信用秩序とそのガバナンス自体への疑念を広めていくことになった。

（2）欧州国家債務危機（EUソブリン危機）への波及と帰結
　リーマン・ショックによる世界的な金融危機がようやく小康を見せ始

めた2009年10月、ギリシャの国家債務の改ざんが米議会でのリーマン・ショックをめぐる調査委員会証言をきっかけに明らかになった。これがリーマン・ショック第2幕ともいえる金融危機の引き金となり、それがEU全体を巻き込んだ欧州国家債務危機と発展していくことになる。証言は、米最大手の投資銀行ゴールドマン・サックスが、ギリシャのEUの新たな共通通貨ユーロへの参加の際に、同国の国家債務を、オフ・バランス手法を駆使して国家債務を矮小化してEUが定めたユーロ参加の要件をクリアーする改ざんを行ったことを明かすものであった。その債務の実態は、同年10月に政権交代した新政権によりあらためて仔細が明らかにされたが、それによりユーロ参加要件の最重要指標である、政府財政赤字（毎年のフローの財政赤字）のGDP比率が参加要件の5％以内に収まるよう4％と改ざんしていたが、実は13％にも上っていたこと、および累積の国家債務残高も、要件の60％以内に改ざんされていたものが実はGDPの113％にも膨れあがっていたことが判明した。ユーロ加盟のためにEUが定めた基準であるアキ・コミュンテールの目標数値に収まるようにしたこの会計改ざんで、ギリシャは一夜にして市場の信頼を失い、瞬く間に国家債務危機に陥った。それでもギリシャはEUの小国であったため、ギリシャ一国の範疇の危機であれば、IMFを中心とする従来の国際対応で終息を見込め得た。だが、ギリシャはすでにユーロ加盟国であり、通貨は共通通貨ユーロになっており、国債もユーロ建てで発行されるなど、独自の通貨と中央銀行をもつ国ではなくなっていた。そのため、信用不安と債務危機に見舞われた国への従来型の解決手法をとることは困難となった。独自の通貨も中央銀行もないため、通貨切り下げを中心とした従来型の経済再建策はとり得ず、また国債価格の暴落でそれを保有するギリシャの銀行への信用も失墜していたが、その信用を最終的に担保する最後の貸し手としての中央銀行はなく、また国家自体

が信用不安に陥ったため信用不安鎮静化への手立てもなく、危機が一挙
に増幅していくこととなった。

　これまでの通貨、債務危機のケース、例えば近年のタイ、韓国、アル
ゼンチン、ロシアなどのケースでは、IMF（国際通貨基金）が資金援助を、
対象国に対して貸し出し条件の順守と引き換えに行い解決を図ってきた。
その融資条件は、具体的には、緊縮財政と金融引き締めおよび為替相場
の切り下げと経済構造改善策を骨子とするもので、IMFはその履行を監
視しながら支援を分割段階的に行い危機の解決を図ってきた。同様な手
法をめざすなら、ギリシャの場合、ユーロから離脱し、元のギリシャ通
貨ドラクマに戻して大幅な為替相場切り下げを行うことである。だが、
流通通貨の切り替えに加えて民間債務を含めて債務の通貨転換は容易で
はない。特に国際機関や他の政府の保有するユーロ建てのギリシャ債権
のドラクマ建て債権への切り替えは事実上困難であった。
　一方、ユーロ圏にとどまる場合、二つの道が想定された。一つは、ギ
リシャがデフォルト（債務不履行）してユーロ圏に留まる場合、もう一
つは、デフォルトしないでユーロ圏に留まる場合である。これらどちら
のケースも容易な道ではないが、デフォルトの場合、その債務のカット
により国内銀行の大幅な損失に加えてドイツ、フランスなど他のユーロ
圏の銀行も損失を被る。それに加えて、ポルトガルやスペインなどの
PIIGS諸国の財政懸念と国債価格の下落の広がりからユーロ圏の銀行の
信用不安が広がり危機が一挙にEU全体に及びかねない恐れがある。EU
とギリシャは、そこでデフォルトなしで共通通貨ユーロにとどまるいわ
ば折衷的対応策をとることになり、その支援機構としてIMFとユーロ加
盟国で設立した欧州金融安定化基金（EFSF）を設立して対処をはかるこ
とになった。

　しかし、この方式も、為替切り下げや金融政策が独自にできない制約の下では、金本位制下の国際価格調整に似て、賃金と物価の大幅な引き下げ調整が不可避であり、社会的に耐えがたい苦痛をもたらす。実際、ギリシャ国内各地で断続的にデモやストライキが行われ続け、財政再建策撤回を求めてギリシャ労働総同盟・ギリシャ公務員連合が24時間のゼネラル・ストライキに275万人（これはギリシャ国民、2010年時点年で20歳以上の人口約890万人のうちおよそ3割強である）[10]が参加している。そうした調整負担の緩和剤となるのがEFSFからの融資支援となるが、そのための融資額の拡大や長期化はドイツ、フランスなどの負担の増大を意味するため、融資負担と調整負担をめぐる対立、分裂を起こしやすい。またその紛糾と事態解決への長期化懸念は、他の周辺国の状況への警戒、ユーロ圏銀行全般への懸念と各国の財政対応力への懸念を台頭させ、EU全体を巻き込んだ国家債務危機へと波及していくことになった。

　この全体的波及への引き金となったのがスペインであった。紆余曲折のなかでようやくギリシャ問題が小康化を見せ始めた矢先にスペインの有力銀行のバンキアの不良債権問題が台頭した。不良債権問題により同行の倒産の噂が広がり、2012年5月末にスペイン政府はバンキア銀行を事実上国有化したが、スペインの銀行再編基金自体に救済に足るだけの資金力のないことが判明するとともに、各州財政状況の大幅悪化も判明した。それにより、スペイン政府の財政状況自体への懸念が浮上し、スペインは瞬く間にソブリン危機に直面することになった。格付け会社フィッチはスペイン国債をBBBにまで引き下げ、市場の懸念を加速した。

　EUは2012年6月、急遽EFSM（後の欧州安定メカニズム、ESM、暫定的だったEFSMを引きつぎ、恒久的な機関として2012年10月発足）などから総額1,000億ユーロをスペインに注入した。しかし、そうした場当たり的

図6　近年の危機における市場の不安（恐怖）指数―VIX指数の比較推移

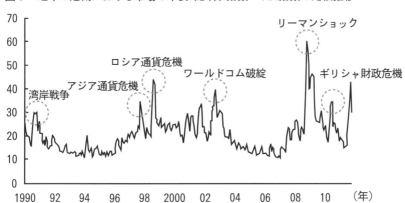

注：VIX指数は、通称「恐怖指数」とも呼ばれる。米Ｓ＆Ｐ500株価指数のオプション取引を基に市場の不安を反映するボラティリティで不安の程度を示す。指数が高いほど投資家が不安を抱いていることを示す。
出所：世界経済の潮流2012年Ｉ.（内閣府）。原データ：ブルームバーグ。

　な対応を繰り返すだけでは限界があることは目に見えていた。そこでEUは、同年同月、ECBへ銀行監督を一元化することなどを盛り込んだ銀行同盟の構築を容認した。EU内の銀行ネットワークで結びついた域内金融の一体化に対して、もはや１国で対応することなど不可能との認識に立っての対応であった。銀行監督や破綻処理をEUレベルに権限移譲する統一化への踏み込みである。だが、その決定をもってしても混乱は収まる様子をみせず、スペイン国債は利回りが一時７％を超える事態となった。さらに、EU主要国の１つ、イタリアへも財政不信と信用不安が広がり始め、EUは広範な国家債務危機の事態に直面していくことになった。

　こうしたEUの脆弱性が顕著に表れた背景には、EU統合の陥穽に根差す要因があったことはいうまでもない。だが、その脆弱性の顕在化と危

機の現出を促したのは、グローバル化の浸透下で生じたリーマン・ショックであった。リーマン・ショックに先立つ 5 年は、グローバル化の進行と相まって世界経済のバブル化が進行していった時期にあたり、EUも共通通貨ユーロの順調な導入とともにEUの実質的な憲法条約ともいわれたリスボン条約の批准も得て、EUが新たな統合段階に踏み込み始めた時期であった。ギリシャ、ポルトガル、スペインなど、後にPIIGSと呼称された諸国やイタリアを含めて高成長志向国にとっては、EU加盟により国債の信用度は大きく高まり、内外から低利で容易に借り入れが可能となって積極的財政投資で経済の成長促進が図られていった。世界経済も拡大期にあり、ユーロ導入バブルともいえる高成長を享受していた。加えて、ECB（欧州中央銀行）の下で共通化された金融政策は、加重平均の政策金利であったが、規模的に大きな比重を占めるドイツを筆頭とする安定成長経済国の低金利が反映して政策金利は高成長国にとっては景気状況に対して低めに、安定成長国にとっては高めに出やすい構造となっていた。

　つまり、構造的にも、高成長志向国でのバブルが促進されやすいものとなって、バブルが加速されていった。そのピーク時に、世界的な金融バブルが弾けてリーマン・ショックが勃発する。EU各国銀行の不良債権への懸念が広がったのは当然であったが、そこにギリシャの債務危機が発覚したため、自国銀行の不良債権処理への懸念のみならず、国家の財政そのものに、特に高成長志向国を対象に信用不安の懸念が次々と向けられていくことになった。そうしたなかで、対象国が危機的状況に陥っていった様子は、これら諸国の国債利回りやCDSプレミアムの推移等からも明らかであろう（図 7 参照、次頁）。

　ギリシャのみならず、スペイン（総人口4,500万人、GDP 1 兆ユーロ）に加え、財政悪化への疑惑の目がむけられ始めたイタリアまで債務危機の

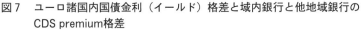

図7　ユーロ諸国内国債金利（イールド）格差と域内銀行と他地域銀行の
　　　CDS premium格差

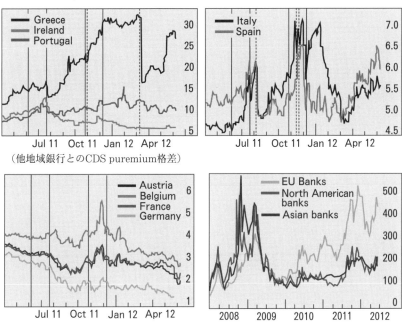

出所：BIS 82nd Annual Report, 2012.（原データ；国債イールドはBloomberg（national
　　　data），CDS PremiumはDataStream dataよりBIS推計値。

連鎖反応が広まればEUは瓦解の危機に直面する。EUは総力を挙げてその沈静化に取り組まなければならなくなった。その対処は、IMF、欧州委員会、欧州中央銀行（ECB）のトロイカ体制で取り組んでいくことになったが、最大の負担を受け持たされるドイツのギリシャ支援の条件をめぐる対立もあり、スムーズには進み得なかった。またトロイカは3機関合同であったがために、意思決定が遅れ、場合によっては検討されるべき措置の検討がなされなかったことが、立案や融資条件の監視に「一層の複雑さ」が加わることになった[11]。それでも2012年にギリシャが第2次支援策とその条件を受け入れたことによりデフォルトはかろうじて回

避された。それは図 7 のギリシャ国債のイールド推移からもうかがえる。だが、その後のギリシャの改善プランの履行をめぐる曲折もあり、信用不安の沈静化は容易には進まずスペイン、イタリアの国債イールドもギリシャともども反騰に転じていった。

　こうした事態を受けて、先に述べたようにトロイカ体制の下、2012年6月にEFSM（暫定的機関として設立した欧州金融安定化基金）から総額1,000億ユーロをスペインに注入した。しかし、そうした場当たり的な対応では効果がなく、抜本的な対策を求める声が諸外国政府や中央銀行などからも強まってくるなか、EFSFも公的な政府間恒久機関としての欧州安定メカニズム（ESM, European Stability Mechanism）に改組され、同時的に行われたECBへ銀行監督の一元化を含めてEUレベルでの一元的対応への組織整備が進められていった。そうした体制整備の下でECBのドラギ総裁が表明した決意、"The ECB is ready to do whatever it takes（ECBは、なんでもする）"[12]、EUROを守るためなら何でもする、との決意がようやく市場の不安連鎖を止め、危機は瀬戸際でくい止められることになった。

　「ドラギマジック」と呼ばれたこの決意だが、EUのルール破りともなる中央銀行による国債の買い入れ、債務危機に陥っている国の国債を無制限にECBが買い入れることまで踏み込んだ意思表明であったため、その本気度が市場に伝わり信用不安を鎮めることになったといえよう。それはEUレベルでの中央銀行による最後の貸し手機能（LLR）を禁じ手の中央銀行による国債買い入れを使ってでも市場に対峙していくとの強い決意表明に他ならなかった。こうして世界金融危機の再燃一歩手前でEUのソブリン危機は沈静した。しかし、リーマン・ショックからEUソブリン危機へと危機が波及するなかで累積した信用債務の調整負担は

広範なデフレ圧力となって世界を覆い、長期にわたり世界的デフレが継続していくことになる。

　リーマン・ショックからEUソブリン危機への危機の波及が明らかにしたのは、金融のグローバル・ネットワーク化により金融のシステムリスクが一挙に世界規模に広がったこと、そして、現代の主権国国家は一時的な流動性リスクは起きえてもデフォルト（債務不履行）は起きえないとの神話の崩壊である。グローバル・ネットワーク一体化が高度に進んだ世界金融システムの下では、小さな信用不安も瞬く間に世界規模に発展するのは、リーマン・ショックに至る金融バブルとその崩壊過程をあらためて引き合いに出すまでもない。EUのソブリン危機は、さらに、そのシステム危機の深化を示唆するものであった。地域的国家・社会の統合を進めるEUの歩みそのものが最も高度なグローバル化を地域的に実現していく性格のものであったため当然ではあるとしても、ソブリン危機はまさにその統合の高度化によって引き起こされた陥穽であったと言えよう。そしてギリシャ危機を契機に広がったEUのソブリン危機は、主権国国家の財政破綻が現実に起こり得ることを示すとともに、それが銀行システムのネットワークを通じて連鎖的金融危機をも広範に引き起こしかねないことを知らしめることにもなった。EUの大規模ソブリン危機の発生はその一歩手前で、ECB（ドラギ総裁）のなりふり構わぬ信用不安抑制策の表明により沈静化はしたが、債務危機国の財政劣化とユーロ域内銀行の不良債権による債務問題深化の構図は継続していくことになる。

　この一連の危機が露呈したのは、制約なきグローバル市場化の危険であった。金本位制からフロート制を経て世界的に通貨はもはや「信用通

貨」でしかなくなり、「信用創造」が無限に可能となったなかで新自由主
義市場信奉経済学に則った政策実践として世界的な規制の撤廃と自由化
が進められた結果、巨額なマネーの創出ならびに債権・債務が累積的に
積み上げられてきた。実際、世界の資産（対する側からみれば負債）の蓄
積は、世界GDPに対する金融資産比率でみて1970年末の50％から1980
年末には109％に増加し、2005年半ばですでに316％に達している[13]。それ
を加速させたのが、すでに見てきた金融技術革命の名の下で開発、販売
が競われた新金融商品であり、それを支えたリスク分散モデルであった。
リーマン・ショック直前の2006年年央で、新金融商品の代表的存在とな
ったCDSのみで契約想定元本ベースで世界GDP総額に相当する巨額に
達している。マートンによるModern Portfolio Theoryからブラック・
ショールズ・モデルに至るリスク分散モデルは価格変動リスクに関して
ほぼ完全な分散とリスク・フリー化を証明し、CDOなどの新証券化商
品の開発と販売を促した。しかし、世界金融危機の勃発で露呈したのが、
そこに潜む想定外のリスク、いわゆるテール・リスクの現出であった。

　テール・リスクは、CDSやCDOに象徴された金融商品に潜んだ想定
外のリスク、確率事象としては発生確率が小さいが、それゆえ確率分布
図上では端のすそ野にあたる1％以下の尻尾に例えられる部分でその名
が冠されたが、確率的には小さくともその事象が起きれば大きな損失を
もたらすようなリスクである。

　そのモデルの陥穽となる等閑視されたリスクの典型が、金融取引成立
の基本前提となる信用リスクであった。証券化、再証券化のプロセスを
通じてリスクの分散化は高度に進む一方で、信用リスクは存在が不明に
なり、等閑視されていった。借り手の信用を超えたサブ・プライムロー
ンが住宅市場のバブル崩壊で不良債権化すると、それを一次証券化した
証券、その再証券化証券は信用リスクの程度と中身が不明のため信用リ

スクへの不安が一挙に広がり価格が暴落。統合化された金融システムの下で信用が広範に逆流、収縮していった。それがリーマン・ショックの危機発生のメカニズムであった。EUのソブリン危機の根底にも、国家は一時的流動性リスクには陥ってもデフォルトは通常の国家では確率的にまず起きえないとの国家債務のテール・リスクへの等閑視があった。しかし、それが起きうること、そしていったん起きると、現在のグローバル市場化が進行した状況下では一国ベースでの対応がほとんど不可能になってきたことがEUのソブリン危機で露呈されたといえよう。それは同時に、グローバル市場化を通じて、覇権国家、主権国家を問わず市場に対する制御力が大きく後退し、新たなグローバル市場化の構造認識に立った新たな国際協調体制の再構築が不可避になってきたことを示唆するものであった。

2．反グローバリズムの台頭と国際協調体制の分断

（1）世界格差の進行と反グローバリズムの台頭

　グローバリズムの浸透は、一連の市場の暴走による金融危機という膨大な負担に止まらず、分断と対立という新たな、かつ危険な、国際政治上の構図を生み出すことにもなった。グローバル市場化の進行に伴う所得格差の急速な拡大と社会の分断、それに根差した自国第一主義による国際対立の広がりである。格差の進行は、金融危機後の長期の成長低迷のなかで加速され、それが反グローバリズムの台頭とポピュリズム政治を生み、世界的規模での分断と対立を助長してきた。この新たな対立の構図は、従来の「先進経済国家群vs.発展途上国・地域国家群」とは異なり、覇権国を含む先進経済社会の内なる格差の進行に伴う社会の対立

と分断をその根底にもち、それらと一体となった排外主義の広がりを反映した対立であるだけに、構造化する恐れを孕んでいた。そうした変容が先行的に表れたのが米国やイギリスにおいてであり、特に2016年の米大統領選挙であったといえよう。

　米国が主導し世界的に推進されてきたグローバリズムは、古典派経済学の「自由放任と市場の完全性」を思想的に引き継いだ新たな古典派経済学を理論ベースとするもので、政府規制を最小限にして強者も弱者も無差別に市場メカニズムによる価格競争に経済を委ねれば、生産と分配が最も効率的になって経済の持続的成長と社会の経済厚生の最大化が図れるという生産（供給）サイドの効率性に偏った理論体系をもつものであった。それは優位な競争を制約なく進められる強者（エスタブリッシュメント層）にとって都合がよい経済理論であったため、新保守主義の経済政策として世界的に推進されてきた。グローバル化はそうした思想の下で、世界規模で無差別競争を通して経済の世界一律化が推し進められてきたことに他ならない。

　その下では、モノ、カネ、人の国際自由移動を促す結果、経済学でいう生産要素の「価格均等化」が必然的に世界一律で進むことになる。その結果、賃金の安いところに雇用が流れ、流出元では産業空洞化を生み、賃金と雇用のカットが進む。2016年の米国の大統領選で強調された産業の衰退により錆びついた地帯を意味する「ラスト・ベルト（Rust Belt）」地帯はその典型であった。経済の発展度が異なる民族国家間において世界一律の同一労働、同一賃金への収斂は、要素価格の均等化が広まれば、産業と雇用は賃金の安い後進経済国に流れ、先進地域では産業空洞化と雇用の喪失が進むからである。従来の国際化の過程で生じた途上国からの搾取の問題とは性質を異にし、途上国以上に先進国の低所得者層で雇

用の喪失と所得劣化が進み、必然的に多数が持たざるものに組み入れられていくことになった。分断を招いた格差の実態は特に米国でその加速化が目立ち、大統領選の帰趨を決定づけたといえる。たとえば、米国では、上位1％が全所得の2割以上を占有し、また階層別平均所得ではトップ1％は下位90％の40倍に達する現状にあり、グローバル化による格差のしわ寄せを最も受けてきたと見られる白人低所得層では他の人種層を含めて、また世界的にも死亡率が低下の見ているにもかかわらず彼らの死亡率のみ上昇している（次頁、図8・図9参照）。格差は欧州を含めてグローバル化の進行とともに加速しており、トマ・ピケティはその実態を長期的視座で分析提示している（図10、155頁参照）。

　格差に伴う社会の分断と反グローバリズムの台頭を如実に反映したと見られる2016年の米大統領選挙において、当初泡沫候補とみられたトランプ氏は、錆びついた地帯を意味する「ラスト・ベルト（Rust Belt）」の再生を掲げて従来の民主党の強力な支持基盤であった州（オハイオ、ミシガン、ペンシルバニア、ウイスコンシン州）にて民主党コアの白人労働階級層に食い込んだことが決定打となり、大統領選を制した。

　そこにあったのは、産業空洞化が進むなかで失業増加と所得減少に苦しむ白人労働者層の反発であり、反エスタブリッシュメントと排外主義を伴う反グローバリズムであった。民主党内部でも、若者と白人低所得者の支持を受け予備選でマイナーとみられたサンダース候補が本命のクリントン氏に肉薄し、共和党支持層でも伝統的保守や新保守を問わずエスタブリッシュメント層への反発が広まっていったことがトランプ候補の勝利へとつながった。トランプ候補は、選挙戦略と経済・社会政策でも巧みにポピュリズムを煽りながら、そうした社会の変化を取り込むことに成功したといえるだろう。[14] その経済・社会政策は、社会の支配層に

図8　米国所得格差の実態—上位1%が米国全所得に占める割合（1913〜2014年）

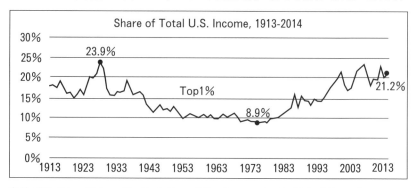

出所："Striking Richer; The Evolution of Top Incomes in the United States"

図9　格差の実態—格差のしわ寄せと社会の分断化

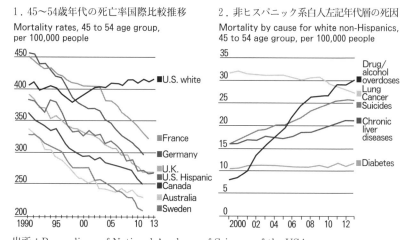

出所：Proceedings of National Academy of Sciences of the USA.
注：米国の中年白人層の死亡率と死因。他先進国やヒスパニック系米国人の死亡率が大きく
　　改善する中で白人中年の死亡率のみ増大。死因も生活苦と関わる薬物や酒の過飲および
　　自殺が急増。ヒスパニック系の改善はマイナー優遇策への妬みや移民の敵対視を助長。

根をおく伝統的な共和党のスタンス（米国覇権主義、年金・医療保険削減、
歳出削減、市場主義・自由貿易と不法移民取り締まり等）から離れ、その中
核政策で、中間白人層と労働者層に根をおく伝統的な民主党路線に共通

図10　欧州でも広がる格差の進行

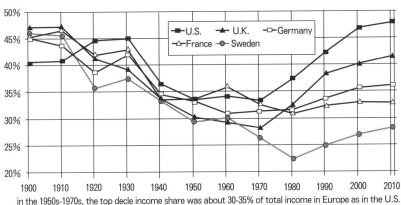

in the 1950s-1970s, the top decile income share was about 30-35% of total income in Europe as in the U.S.

注：所得上位10%が全所得に占めるシェア（1900〜2010年）

出所：Piketty.pse.ens.fr/capital21c

するものとなっていた。すなわち、その主義でこそ民主党の伝統的な国際協調主義とは異なり「米国第一主義」を掲げたものの、社会・経済政策の中核政策では、年金・医療保険削減反対（民主党は拡充）、インフラ投資・減税重視（民主党は減税除く）、保護貿易とTPP反対（民主党は管理貿易とTPP反対）とほぼ類似していた。その下で、トランプ候補は、最大のライバルであったクリントン候補をエスタブリッシュメントの代表のように仕立て上げ、印象づけることで、大統領選を制したといえよう。

（2）ポピュリズムと排外一国主義の国際波及

　異色のトランプ大統領の登場とその政治手法としてのポピュリズム政治は、グローバリズムの浸透による格差の拡大が世界規模で顕著に進むなかにあって瞬く間に世界に広がっていくことになった。ポピュリズムは一般に大衆に迎合して政治基盤を広げていく政治手法を指すが、トランプ大統領に代表されたのは、自ら大衆の感情を先導して支持をつくり

出す「積極的ポピュリズム」とでも名づけるべき手法であった。それで国内的には、反エスタブリッシュメント感情を煽り、対外的には、自国第一主義を前面に押し出して政治基盤を強化してきた。それは世界的に伝播し、種々の「まさか」の事態を生み出し、国際社会の亀裂を助長していくことになる。

　トランプ大統領は就任するとすぐに自国第一主義を前面に押し出し、古典的貿易戦争すら辞さない「まさか」の通商政策や米国を軸としてきたこれまでの米欧、米日安全保障体制の大幅な見直しさえも打ち出した。[15]米国の大統領選挙と前後した英国のEU存続をめぐる国民投票でも、当初の予想を裏切ってEU離脱（BREXIT）が過半数を制し、それでも僅差であったところから離脱は非現実的とみられたにもかかわらずメイ新政権がリスボン条約50条に則り具体的離脱手続きに入るという「まさか」が重なる事態が出現した。

　トランプ大統領流の新たな積極的ポピュリズム政治は、ツイッターなどを通じ扇情的情報を発信・拡散するとともに事後的に物事を事実化させるポスト・トゥルース手法（脱真実。事実より虚偽でも個人の感情に訴えるものの方が強い影響力をもつ状況）さえ用いて強権政治の基盤強化を図るもので、英国のEU離脱の国民投票でもボリス・ジョンソン氏（その後、メイ首相の後を継いで英首相に就任）に率いられた離脱派の選挙キャンペーンでもそうした手法が駆使された。ポピュリズム政治化は世界に伝播し、トルコのエルドアン大統領やフィリピンのドゥテルテ大統領などのポピュリズム強権政治の登場を促すとともに、EUにもそうした流れが広く伝播していくことになった。

　英国のEU離脱問題は、英国が米国とともに先導してきたとはいえ、グローバル市場化の進行に伴う所得格差の進行とグローバル化の負担、

それらが特に中間市民階級にとっての所得と雇用減少の不安および一部の高所得享受者への反発を急速に広げていったこと。それがまた、移民、難民の急増を契機に地域グローバル化としてのEUの高度統合への反発とも重なって急速に広まったことにあった。難民のEU共通の受け入れ政策の負担に加えて、EU域内移民ともいえる旧東欧諸国からの英国への移住は一定の技量を有した準ホワイトカラーの制約なき移住でもあったため英国の中産階級の雇用への大きな脅威となり、英国の"BREXIT"が決定づけられていくことになった。

　その英国民の投票行動は、反EUが重なったとはいえ、先進国に共通化したグローバリズムへの大衆のマジョリティーの反乱を映じた世界的な動きであったと言える。EU統合の理念や意義が異なる大陸EUにも反グローバリズムと反EUの動きが広まっていったからだ。英国にとってのEU統合は端的にいえば、経済的利害にその意義があり、大陸EUに共通した不戦と平和の構築という理念の下での統合志向とは大きく異なっていた。だが、その大陸EUにおいてさえEU統合の負担に根差す反EU感情が広まり、EU懐疑派政党が経済危機と社会の分断化の進行のなかで広範に勢力を伸長していくことになった。

　2016年に行われたフランス大統領選、オーストリア大統領選の他、大陸EU各国での下院選挙でEU懐疑派政党は急速にその議席を伸ばしていった（図12参照）。イタリアではローマ市長ビルジニア・ラッジ率いる反EUの「5つ星運動」が、フランスではマリーヌ・ル・ペン党首率いる仏国民戦線（2018年に「国民連合」と党名変更）がEUの離脱を掲げて、またドイツではフラウケア・ペトリー代表率いるAfD＝「ドイツのための選択肢」が反移民を唱えて大きく勢力を伸長させていった。オーストリアでの2016年5月の大統領選では、最終候補者の得票は2票の僅差で過半

図11　政治問題化した移民―英国への流入数

出所：みずほ総合研究所

図12　大陸EUでのEU懐疑派政党の増大

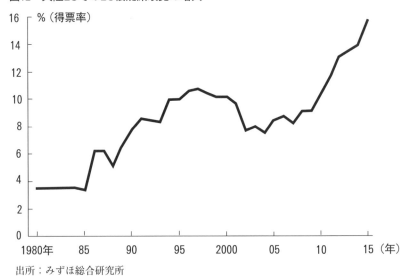

出所：みずほ総合研究所

数はなくやり直しとなったが、戦後欧州に初の極右大統領の出現という
寸前の事態となった。その年の12月に行われた再選挙では、最終的に緑
の党のベレン候補が過半数を制してホーファー極右・自由党に勝利はし
たものの53.79％と過半数ぎりぎりの勝利であった。

　翌2017年のフランス大統領選挙も異例ずくめとなった。現職大統領
（オランド氏、社会党）が不人気で2期への出馬を見送るなか、トランプ
米大統領の戦術に習い、製造業ブルーワーカー層や農民に巧みに支持を
広げた極右・国民戦線のル・ペン候補が仏のEUからの離脱を掲げて支
持を広げ、与党社会党、最大野党共和党の統一候補がともに予備選で敗
退するという波乱の展開となった。本選では、第3極の候補として立候
補した投資銀行出身のマクロン候補が、ル・ペン候補の掲げる移民問題
への排他性と極端な反EU政策への警戒と反発によって大統領選を制す
ることになり、それでようやくポピュリズムと右傾化席巻の危機は取り
あえず終息した。だが、分断と対立の構図は残したままとなり、反EU勢
力はすでに無視できない政治勢力になってきたため、EUの排外主義を
排する国際協調主義のリーダーシップと多様性のなかの統合の理念は弱
体化を免れないことになった。

（3）閉じる帝国化とレジリエンス、歴史的危機の位相

　グローバリズムの進行は、以上のように、皮肉にも開かれた自由な世
界の実現ではなく、反グローバリズムの台頭から分断と対立の波及を生
み、閉じる帝国化という危険な構図を組み込んできた。新たな古典派経
済学流の供給偏重、無差別競争の経済実践としてのグローバル市場化は
確かに生産の効率性と供給力の飛躍的増大をもたらす。だが、無差別競
争による格差の進行と相まって需要の不足、つまり市場の成長不足をも
たらし、経済停滞とデフレ化を促す。それが自国第一主義や経済ブロッ

ク化による対立を高めるのは1930年代の展開に見てきた通りである[16]。そ
れがポピュリズム政治と相まって広がると世界的危機は拡大する。30年
代はそうしたなかで、第2章でみたように、為替切り下げと関税引き上
げ競争を通じた経済のブロック化がアメリカのモンロー主義による自国
閉じこもりと国際社会の対立の中で19世紀国際ガバナンス体制を崩壊さ
せ、ヒトラーの扇動政治による国権の簒奪をゆるし、世界を第二次大戦
の惨禍に陥れている。

　「閉じていく帝国化」に関しては、その言葉の提唱者でもある水野
（2014年）が長期の歴史的視点から「閉じてゆく帝国」の実態を甘受すべ
き流れとして、成長を前提としないライフスタイルと地域的自己完結型
の経済圏への移行を提唱している[17]。その主張を要約すると以下の通りで
ある。

　日本をはじめとして主要先進国の金利水準が超低利ゼロ金利水準に落
ち込んでいる。その低水準は、イタリア・ジェノバの衰退期の17世紀、
1619年に記録された1.125％を下回る。成長は投資によって導かれるの
は言うまでもないが、その投資を促す期待収益率の代理変数が金利水準
であるから、長期的に成長は期待できず、成長前提の資本主義経済は終
焉するだろう、と警告する。そして、（資本主義市場経済を抜本的に置き換
える）成長を前提としない経済への世界的移行が不可欠であると説く。

　この主張は、新たな観点として重要ではあるが、そうした移行は、現
実的には困難であろう。閉じた帝国への移行がもたらすものは、1930年
代の再来となる可能性が高いことはいうまでもなく、その30年型への回
帰は正に歴史的危機を引き起こす公算も高い。だが30年代と大きく異な
るのは、（次章で仔細に見るように）グローバル市場化がその浸透過程で
オンライン経済化への移行を進め、世界経済を物理的にもはや30年型へ

の回帰、閉じる帝国化を困難とするグローバル一体化した市場経済構造
に変容させてきている。その実態に鑑みれば、水野と同じ文脈で歴史的
危機とその対応策を論じることは適切ではなかろう。

　それでも水野の指摘は暗黙裡に世界が内向き志向に入ることへの危惧
と危険性を警告しており、その回避に向けた論議を広めた点では重要で
あろう。すでに見てきたようにグローバリズムの進行は30年代とは形は
異なるが大きな国際社会の変容を促し、それが分断と対立を引き起こし
てそれを構造化させかねない事態に国際社会を陥れるという歴史的危機
を招いていることに変わりはないからだ。「自国第一で閉じこもり志向」
による分断と対立という危険な構図で1930年代に類似する危機、水野は
その危機の回避のために「内向き志向」に走る帝国の流れは甘受したう
えで、それに見合う成長を前提としない地域的自己完結型の経済圏から
構成される国際社会の再編を提唱している。それ自体が重要な論議の提
唱であることは間違いないが、その一方で危機回避策としての資本主義
市場経済自体の抜本置換という方策には論議の余地が残る。

　それは世界経済と国際社会が「閉じていく帝国」の流れのなかで19世
紀の国際化が始まる以前の閉ざされた地域完結型経済に戻ることを前提
に現在のライフスタイルを変え、成長を前提とした現在の資本主義メカ
ニズムからの抜本的転換を図ることが不可欠となる提案だが、その転換
のイメージモデルさえまだ人類は描けていない。成長を欠く資本主義市
場経済は本質的にその継続、すなわち存続を自ら否定することに他なら
ないからである。歴史を振り返ると、1930年代の資本主義の行き詰まり
に際しても類似の論議が起きた。資本主義の終焉が叫ばれ新たに台頭し
た社会主義経済体制に世界は移行していくと（ケインズ、シュンペータ

ーを除く）ほぼすべての当時の経済学者は見ていた。しかし、実際には、資本主義経済が、当時の古典経済学派の唱えた「自由放任、無差別競争」と「市場一任機能」の欠陥を新たな改善システム（市場補完策と社会福祉制度）を導入することで乗り切り、さらなる発展のなかで社会主義経済を凌駕していき、それが歴史的事実となった。

　情報グローバル化は世界金融の一体化のみならず実物経済の一体化も進め、その生産面におけるサプライチェーン・ネットワークの構築等に加え物流、販売という経済の需要サイドにおいても世界的一体化と市場のフラット化を進めてきた。その世界無差別競争による究極の効率性の追求過程で世界規模での格差と分断が広がり対立を構造化させてきたのは既述の通りである。この古典派経済学流の自由放任、完全市場前提の経済学の実践は、かつてマルクスが指摘したように社会メカニズムとしても永続しないのは明らかである。無差別競争の繰り返しゲームは格差を累積的に広げ、やがて国民大衆の暴動や革命が起きて社会が転換していかざるを得なくなるからだ。実際、現下の反グローバリズムの広がりも、持たざる者に組み入れられてきた国民マジョリティーの反発に根差している。水野ならずとも現在の資本主義市場経済のグローバル展開が種々の危機を露呈するなかで行き詰まりを迎えているのは明らかだが、それが資本主義そのものの終焉を意味するものであるか否か、については疑問を残さざるを得ない。

　市場化、グローバル化の流れを形成、主導してきたのは、古典派の供給サイドと生産の効率性に偏重した、市場原理主義に新たな衣を着せた新たな古典派（新保守主義）経済学の実践であった。現在の行き詰まりが、その需要軽視の完全市場原理という政策理論と運営面の問題にあるのなら、それは正に1930年代の行き詰まりに酷似するシステム運営上の

問題といえよう。30年代のケースでは、その行き詰まりを「供給から需要へ」と視点を切り替え、市場の不完全性への補完措置等の制度を導入する一大転換をはかり、資本主義経済は再生を果たしている。それを主導したのがケインズ革命にあったのは周知のところでもある。

　市場機構は、当然ベストではない。だが、セカンドベストであることは、今も変わりはない。また現段階においてそれに代わる資源の効率配分システムもない。また資本主義経済システムの下では、成長がなければ収縮というデフレ循環に陥るのは単純な計算上からも明らかで、ゼロ成長の循環と維持は成立しえない。まったく新しい経済体制モデルへの転換は抜本的解決策に違いないが、それはまだアイデアレベルでも姿を描けていない。資本主義市場経済というシステム自体の終焉に繋がる構造変化か、その運営や制度上の改変の問題なのか、論議の余地は残るとしても、現下の直面する危機の招来の根底に制度運営上の大きな欠陥があったことはリーマン・ショックに象徴される一連の金融・経済危機を引き合いに出すまでもなく明らかである。そして資本主義市場経済を抜本的に置換する経済体制への展望も十分描けていないなかでは、運営や制度上の改革、改変の積み重ねという現下の経済、社会の変容を促す構造変化が継続していく公算が高いといえよう。歴史は繰り返すとしてもその位相を踏まえて国際ガバナンスの再建論議を進めていくことが重要であろう。

　運営上の行き詰まりの露呈ということでは、新型コロナウイルスによるパンデミックスショックも都市封鎖まで余儀なくされ経済活動自体が止まるという未曾有の危機をもたらした点において同様である。その終息には、治療薬とワクチンの開発・普及が不可欠であるのは論を待たな

いが、そのコロナショックによる経済の行方に関して、「レジリエンス」という科学論議に広く使われる「弾力性」や「備え」の概念用語が、経済転換のキーワードとなって論じられ始めてきた（代表として、スティグリッツ、サマーズ、ショールズなど[18]）。

　つまり、そうした突発的で大規模な外的ショックへの備えを組み込んだ経済体制への転換こそが不可欠となって、またそれは進行中の経済のオンライン化と相まって生産形態や経済行動、そして社会を変えつつ進んでいくとの議論である。生産体系でいえば、情報グローバル市場化の進展のなかで世界規模でのサプライチェーンが形成されて効率化が進んできた。このサプライチェーンの進展に集約されるように、グローバル市場化の下で効率化を求めて、したがって生産と販売のズレを埋める在庫は物流の段階を含めて極限まで切り詰められてきた。いわば、バックアップなしでパソコンを使ってきたような状態を重ねてきたに等しい生産／供給体制のなかでの強烈な外的ショックによるグローバル・チェーンの分断、が起きた。この反省に立って、サマーズの言葉を借りれば、"just-in-time" から "just-in-case"（念のため備える）への転換を今迫られているという論議である。それは、80年代のトヨタカンバン方式に始まる効率的在庫管理から、必要な所にいつでも供給できる備えをもった生産と供給のバックアップ体制に変貌していく必要を説いている。同時に働き方も、テレワーク化、ロボット化などが相まってすでに大きな変化を遂げつつあるなかで、人々の経済行動と社会も変わっていく、という議論である。

　実際、そうした方向に転換は進み始めているし、進んでいく公算が高い。こうした変化は、確かに現在の資本主義市場経済の大変貌に繋がりうるし、社会を大きく転換させていくことにもなろう。だが、それは大

規模になろうとも、資本主義市場経済からの抜本的転換を直ちに意味するものとはならないことに留意したい。1930年代の運営システムの転換に似て、そうした転換は、あくまで資本主義市場経済の範疇での機能上の改善、基本的にミクロ経営システム上の構造転換であって市場経済システムそのものの置き換えではないからだ。

　そうした変化の集合の延長線上で人々の価値観と経済、社会構造が大きく変貌していくと資本主義市場経済システム自体の抜本的置き換えもあり得よう。だが、それはあり得ても長い時間を要すると見られ、現在の直面する国際ガバナンス体制の歴史的危機というマクロ的課題に直結するものではない。すなわち、"just-in-case"のために在庫の余裕、その他、サプライチェーンそのもののバックアップを可能とするサブ・システムを組み込んだシステムへの転換がミクロ産業ベースで広がり、それを本社所在の国内に設ける形での転換がロボット化と併せ進むことなどが想定される。それは第4次産業革命と呼称される生産革命の実践となろうが、繰り返すまでもなく、それが資本主義市場経済の抜本的置き換えに直結するものではない。

　その一方で、レジリエンス型へのミクロ面の変化が現在の国際ガバナンスの危機を助長する可能性がある。ミクロ産業ベースの変化のなかで、それぞれの国家は、産業と生産拠点を自国内により留めようとするインセンティブが自然と高まろう。その囲い込み競争が国際対立を助長していくことである。そうした影響を国際協調の枠組みにどう包摂していくのか、国際ガバナンスの再建論議に加えていく必要があろう。現在の国際ガバナンス危機の本質は、特にその危機の大枠は、グローバル市場化が進めた構造変化の結果としての国家の後退と所得、資産の世界的経済格差の累増にある。21世紀型の国際協調体制の再建と構築に向けては、

広範に進む構造変化のなかでもそれらの変化の実態と特質、そして危機
の本質を歴史的位相をも含めて見据え、論議を進めていくことがこれま
でにも増して重要になってきたといえよう。

【注】

1 ）Friedman, T.L.（2005）参照。

2 ）Markowitz, H.M.（1952）"*portfolio selection*" 参照。「Modern Portfolio Theory」

3 ）Black, F. & Scholes, M.（1973）, "*The Pricing of Options and Corporate Liabilities*" 参照。

4 ）Skidelsky, R.（2009）*Keynes: The Return of the Master*（山岡洋一訳 （2010））より引用。

5 ）Skidelsky 29p〜より ditto. p.29

6 ）田中素香（2016）、『ユーロ危機とギリシャ反乱』参照。

7 ）田中素香（2016）ditto.

8 ）たとえば、ソーキン氏の『Too Big to Fail』は、臨場感をもってリーマン・ショック前夜についての理解がかなう一冊である。

9 ）詳細は、Stiglitz J.（2010）参照。2008年11月14、15日の協調介入は、G 20による政策協調が奏功した数少ない事例の一つとなった。

10）Eurostat、ギリシャ人口統計を参考におよその数値を筆者が算出。

11）Bloomberg（2012）参照。

12）European Central Bank（2012）Verbatim of the remarks made by Mario Draghiより引用。

13）データ、資料 International Financial Services,London. IMF Coordinated Portfolio Investment Survey 他。

14）本書上梓直前に2020年米大統領選挙でトランプ大統領が民主党バイデン候補に敗北した。その敗因にコロナ禍の影響を指摘する向きも多いが、最大の要因はラスト・ベルト地域への前回公約が幻想に過ぎなかったことが明らかになったことにあろう。当該州のすべてで民主党に票が戻った事実がそれを裏づけている。

15）円居（2017）および、滝田（2016）参照。

16）1930年代の長期不況は29年の恐慌に始まるが、それに先立ち、米国での石油

エネルギーの転換と相まった新大量生産方式の導入による生産革命があり、超過供給/需要不足の累積的拡大が進んでいた。詳細は、円居（2013）第 5 章参照。

17）詳細は、水野（2014）参照。

18）NHK NEWS WEB ビジネス特集「求められるのは"レジリエンス"ウィズコロナの世界経済は」参照。

第 3 部

21世紀型国際ガバナンス体制の再建に向けて

1．情報革命の進行と市場と国家の力学構造

　以上みてきた情報グローバル市場化の進行が大きく変容させた重要な
構造変化の一つが、国家と市場の力学構造であろう。情報ネットワーク
革命は、国民主権国家群の権力構成と市場から成る国際社会の構造を
「バーチカル・ラダー（縦の階層）」から「フラット（平準）」化に大きく
転換させ、市場と経済の世界一体化が主権国家のガバナンス機能を内外
ともに構造的に後退させることになったと見られるからである。歴史的
にみれば、19世紀末から始まった経済の国際化から初期グローバル化の
発展過程においても、マルチナショナル企業の出現等に見られたように
国家のガバナンスは侵食を受けてきた。しかし、その段階における企業
と市場の国際化は基本的に国民国家をベースとする主権国家のガバナン
ス基盤のうえでの活動の広がりであり、覇権国家を含めて国家が内外ガ
バナンスにおけるメイン・プレーヤーである構図に変わりはなかった。

　国際関係の学術アプローチにおいても、国際関係は、国際政治の範疇
で力の配分と権力構造が織りなす政治現象と捉えられてきた。この古典
的アプローチの延長では、国際化の広がりから初期グローバル化の変化
であっても捉え得難くなっていたが、スーザン・ストレンジの先駆的国
際政治経済学のアプローチによってようやく変化の把握への道が開かれ

た。ストレンジは、国際関係の基本構図の分析、それは必然的に国際ガバナンスの新たな基本構図の分析枠組みとなったが、古典的な国際政治学の範疇での国家間の力の配分に偏った政治学的アプローチから、力の源泉としての富の生産と分配にも焦点をおく経済学的接近を組み合わせた学際的国際政治経済学の文脈からのアプローチを提示した。具体的には、「安全保障」「知識」「生産」および「金融」の4つの源泉より構成される「構造的力」とその行使力に関わる「相対的力」に権力構図を分け、国際政治経済学の文脈から国際関係の力学構造を明らかにした。

　「相対的力」とは、経済力や軍事力の行使に関わるフローの相対的力関係を指す。たとえば日本の経済大国化の過程における国際影響力の増大である。しかし、それはあくまでフローの相対関係の変化であって構造化したものではない。それに対し、「構造的力」とは、「安全保障構造」「生産構造」「金融構造」「知識構造」から構成される構造化した力学関係である。この「構造的力」の基盤のうえで、「相対的力」の変化、その担い手となった企業とその活動の集合としての市場がサブ・プレーヤーとして活動を広め存在感を高めてきた、それが今日の情報グローバル化に至るまでの国際関係の構図と国家と市場の関係の変化であったといえよう。現下の情報グローバル化の浸透は、市場がリードする経済のグローバル均一フラット化により、さらに根本的にそうした国際社会の構造と権力構成の基盤の変容を推し進めている。

　すなわち、ストレンジにいう「知識構造」「金融構造」「生産構造」に跨る構造基盤自体を変容させる動きである。知識、金融、生産を包摂する「情報」が情報ネットワークの世界的浸透により国家や企業を問わず広く共有とその活用が可能となり、権力の基盤と関係が大きく変容してきたからである。知識が情報そのものであることはいうまでもないが、

金融取引も生産活動も究極のところはそれらの関わる情報の取得、蓄積、活用の仕方に負っている。たとえば、金融取引の基本は信用情報にあり、生産活動も、技術情報や需要情報等の組織的活用の仕方に負っている。その伝達、共有がネットワークを通じて広範に活用が可能となれば、経済活動と市場の自己完結性は高まり、必然的に国家の管理力は後退していく。加えて、情報が世界的に動く基盤、プラットフォームの構築と独占化が進み、国家の権力としての管理基盤そのものも侵食されるようになってきた。従来、国家は民間に比べ圧倒的情報を保有、管理し、民間部門を制御し、国家間では、その基盤の規模に応じて構造的、あるいは相対的力学関係をもってきた。

　しかし、市場は情報プラットフォームという自らの活動基盤をもつようになり、政府の情報自体さえも民間のプラットフォーム上で動くことになってきた。すなわち、市場と国家、そして国家間の関係を織りなす重要な基盤そのものが新たに台頭してくることになった。フリードマンは、グローバリゼーションの初期段階において、情報グローバル化の進展は世界のフラット化をもたらすと指摘した（第5章参照）。その指摘は確かに先駆的ではあったが、彼の指摘は、経済グローバル化の進展に伴う要素価格の均等化の延長線上でのフラット化を想定していたに留まる。それ自体事実ではあったが、現下のグローバリゼーションの浸透によるより重要な側面は、市場と国家の力学構造の基盤そのものが変化しつつあるということにある。それは、国家の内外を問わず、また覇権国家の如何を問わず、ガバナンス体制の弱体化が進むことに他ならない。国際ガバナンス体制の再構築に向けては、この構造変化の実態を踏まえ、新たな公共規制の問題を含めて検討していくことが新たな課題として浮上してきたといえよう。

2．情報プラットフォーム革命の課題

　その情報プラットフォーム化だが、周知のように、急速にグローバリ
ゼーションが進み始めた90年代を経てIT革命と称されたミレニアム前
後からキーワードとなった「情報」は、当初「速度の向上」に主眼があ
った。1970年代以降の演算処理機からマイクロチップの大容量化への開
発を経てコンパクトに多くの情報が小型化したコンピュータに詰め込ま
れるようになって情報伝達は「速度」に「量」が加わることになった。
それが折からの情報ネットワーク化技術の発展と相まって第4次産業革
命と称される現在のIoT革命の流れとなり、情報の集約としてのビッグ・
データが新たな経済価値として取沙汰されるという発展経緯を辿ってき
た。この「速度、量、繋がり」の新たな一体化は、それらを介したビジ
ネスと市場の急速な成長をもたらすとともに、経済取引、ビジネスの形
態をも大きく変えることになった。当初、企業間（B to B）で始まったe-
コマース取引は企業と個人（最終需要者）取引（B to C）に発展し、さら
に個人相互の取引と交流（C to C）にまで急速に広まってきた。特にそ
の中核となるB to C市場は国境を越えた越境EC（国境を越えたe-コマー
ス）取引を含めて急増を続け、すでにビジネス取引、経済の需給を結ぶ
e-マーケットとして急速にその規模を拡大、成長を加速させている（次
頁、図13参照）。

　こうした展開を主導したのが、GAFAに代表される（情報）ハードウ
ェアのApple、インターネット検索エンジンのGoogleとセルフプロモー
ション・ネット（SNS）のFacebook、そしてE-物流サービスの雄となっ
たAmazonなどプラットフォーム事業者である。経済取引やその関連情

図13　世界のEC市場規模（B to C市場規模）推移

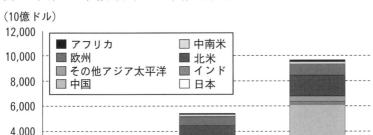

注：2016年は実績値、2021年はeMarketer推計、2026年はトランス・コスモスによる推計。
出所：通商白書2019年度版、経済産業省。推計値は経産省該当機関へのヒアリング。

報のみならず個人情報と通信媒体を含めてオンライン交流はこれら事業者たちの提供する「場」、いわば情報の「陳列棚」を構成するハードウェアを介しながら「棚」のうえで売買決済を含めて交流していくことになった。企業や個人が自分の商品を陳列し売買に供するだけでなく自分の能力や技量をも提示することができるグローバルに一体化した陳列棚であり市場である。そのプラットフォーム提供事業で圧倒的シェアをもつに至った企業の代表群がGAFAであり、その規模は、表10（次頁）の時価総額規模に見る通り巨額に達し、今やその陳列棚の提供事業を通して膨大なその棚を経由するビッグ・データの収集が可能となり、それら情報を監視し活用しうる市場の巨人、国際的ビッグ・プレーヤーに成長してきた。

　たとえば、グーグルは日毎に30億を超える検索データの収集が可能であり、フェイスブックはすでに20億人以上、人類の４人に１人が登録する巨大ネット帝国を形成し、10億人を超えるアクティブユーザーの行動を情報として収集し監視できる状況にある。物流を主眼とするアマゾン

表10　時価総額規模で見た世界の主要ITプラットフォーム企業

#	企業名	国	セクター	時価総額 （百万ドル）
			2018年	
1	アップル	米国	コンピュータハードウェア	825,593
2	アルファベット	米国	オンラインサービス	731,933
3	マイクロソフト	米国	ソフトウェア	686,283
4	アマゾン	米国	百貨店	671,084
5	フェイスブック	米国	オンラインサービス	512,471
6	テンセント	中国	オンラインサービス	497,697
7	バークシャーハザウェイ	米国	損害保険	491,154
8	アリババ	中国	オンラインサービス	454,451
9	JPモルガンチェース	米国	銀行	387,707
10	中国工商銀行	中国	銀行	354,750

注：時価総額は2018年1月1日現在。
出所：通商白書2019年度版、経済産業省。（原データ、Thomson Reuters）

は、世界的な物流ネットワークを形成し、出品から購入に関わる膨大な情報に加え、購入を介した個人の行動に関する情報をも保有する。アップルは、それらの場を繋ぐハードウェア機器、スマホ事業を中核に情報の通り道を支配している。このようにGAFAに代表されるプラットフォーマーは、経済、社会のオフラインからオンラインへの切り替えを世界的に進め、その舞台の管理者として、それは新しい社会と市場の世界規模での管理者として、膨大な情報を収集し、監視してビッグ・データとして活用していける存在になっている。それは、やがて生活情報を支配し、先んじて人々の行動を予測しニーズを誘導することさえ可能となっていこう。

　この変化と方向に警告を発した、ハーバード・ビジネス・スクールの

表11　越境（国外）データフローに関わる規制数（国・地域別）

	規制数	シェア
欧 州	37	42.5%
ドイツ	5	5.7%
ロシア	5	5.7%
アジア太平洋	33	37.9%
中 国	9	10.3%
中東・アフリカ	7	8.0%
北 米	6	6.9%
カナダ	5	5.7%
米 国	1	1.1%
中南米	4	4.6%
合 計	87	100.0%

注：1．2017年現在、米国を除く5つ以上の規制数のある国・地域。
　　2．米国は個人、産業データとも例外を除き原則自由で一般法制ない。日本、EU
　　　は個人　原則本人同意。産業データは、日本原則自由、EUは公共安全性除き
　　　原則自由。
出所：『通商白書』2019年度版、（原データ：ECIPE, Digital Trade Estimate）

　S・ズボフ教授は、その著、*The Age of Surveillance Capitalism*（2019年）で、「消費者行動の予測から望ましい結果を引き出す」ことを"Instrumentalian power"として概念提示し、社会が（私企業によって）都合よく改変、コントロール可能な事態に立ち入った危険性を、その発展の経緯や資本主義の特質をも踏まえて指摘している。その危険性の論議は論議として、情報プラットフォーム化の進展がグローバルに経済、社会構造を大きく変化させつつあることに相違はない。また国家を超える情報の巨大な私的管理者の出現に対して、公共の観点から世界的に新たな規制の枠組みを検討していくことが不可欠となったことも明らかである。

　こうした構造変化に照らすなら、国際ガバナンスの文脈で、たとえば、閉じる帝国化への展開は現実的にあり得ないと見込まれる一方で、プラットフォーム化で巨大に一体化した市場とそのプレイヤーたちとの間で公益の視点から規制の網を内外にどのようにかけるのか、国家間の利害が錯綜するなかでそれを国際体系としてどのように実現していくか、またそれを包摂する国際ガバナンス体制の枠組みをどう構築していくか、国際社会はこの面からも新たな課題に直面することになったといえよう。

　IT プラットフォーマーへの現状での規制は、中国を除いて原則課せられてはいない。また 5 Ｇをめぐる対立に見るように、企業のホスト国の利害が国際的に絡み規制での協調も容易ではないことが予想される。しかし、現在進行中の構造変化は、これまで論じられてきたような中国型の国家監視資本主義のレベルを超えた、ズボフの指摘にあるような民間主導の「監視資本主義社会」への移行の可能性を孕んでいる。この新たな課題も、その実態と本質を踏まえ、国際ガバナンスの再建論議に反映していく必要があろう。

第8章 国際ガバナンス体制再建への選択肢

1. ロドリック・モデルからの選択肢

　ここまで国際ガバナンス体制の史的変遷と構造変化、そして歴史的にも類を見ない構造的危機に直面した現在の危機の特質と実態の解明を進めてきた。そしてグローバリゼーションは今や止めえない段階まで進み、国際社会の分断と対立が拡大するなかで国際ガバナンスはその体制共々未曾有の構造的危機に陥っていることが明らかとなった。加えて、ガバナンスの主役としての国家の力学基盤も、情報革命による巨大な市場プレイヤーの出現と市場の自己完結性が高まるなかで構造的に弱体化が進みつつある。この広範な構造的危機に瀕した国際ガバナンス、その体制再建への道はあるのか？　その考察をまず既存の理論モデルから進めてみると、その論議のベースになるのが、ダニ・ロドリックの考察とそれをベースにスティグリッツを中心に提案され国連報告書として取りまとめられた「ブレトンウッズⅡ」構想（新ブレトンウッズ体制論）である。

　すでに見てきたように、第二次大戦後の国際協調ガバナンス体制として設定されたブレトンウッズ体制は、経済が国際化からグローバル化へと進行するなかで侵食が進み、国際ルールと市場補完的国内規制の組み合わせを前提とする、ラギーが「埋め込まれた自由主義」と特徴づけた戦後の国際協調ガバナンス体制は崩壊してきた。同構想は、その国際ガバナンス体制の再建に向けた1つの提唱であり、そのベースとしてのロ

ドリックの考察は、自ら考案した国際政治体制の選択に関わる理論モデル、「国際統治体制の選択トリレンマ・モデル」（The Political Trilemma of the World Economy）に依拠するもので、それは国際経済学の不可能命題を国際統治体制の選択モデルに応用し、国際政治経済学の文脈で体制の選択肢を体系的に検討することに優れたモデルとなっている。

　そこでまず、同モデルの枠組みから改めて見てみると、その原点としての「国際経済学の不可能命題」は、内外金融政策の選択肢問題として「国際金融のトリレンマ」とも呼称されるが、要すれば、金融政策の自立性と為替相場の安定管理および自由な資本移動の３つの政策目標を同時に達成することはできない、ということにその眼目がある。戦後の金・ドル為替本位固定相場制は、自由な資本移動を禁じることで国内金融政策の自立性と為替の安定（固定制）を機能させてきたシステムであった。その後の変動制への移行は、資本移動を自由化する一方で為替相場の安定性を放棄して国内金融政策の自立性を確保したシステムへの移行であった。これら同時達成が不可能な３つの選択肢の関係は、図14の三角形の選択構図で示される。

　ダニ・ロドリックが提示した「国際統治体制の選択トリレンマ・モデル」は、この国際金融の選択トリレンマに国際体制の選択問題を当てはめモデル化したものであり、国際体制を構成する３つのサブ体制に構成要素を大別して、それらの同時達成による国際体制の構築はサブ体制間にトレードオフが生じ不可能であることを示すモデルとなっている。その概要を先の国際金融のトリレンマ構図に習うと図15のように示される。それぞれの三角形の頂点に３つのサブ体制、すなわち、「ハイパー・グローバリゼーション（グローバルな市場・国際的な経済統合）」「民主主義（民主政治）」、そして「国民国家（国家主権）」の選択肢をおき、それらの

図14　国際金融の政策トリレンマ要約図

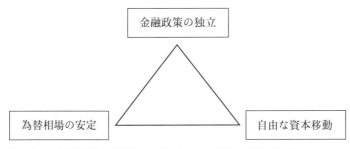

注：3 つの同時選択は不可能で、どれか 1 つは犠牲にしなければならない。
出所：筆者作成。

図15　国際政治体制の選択図
　国際政治体制の選択（ロドリックモデル）
　The Political Trilemma of the World Economy

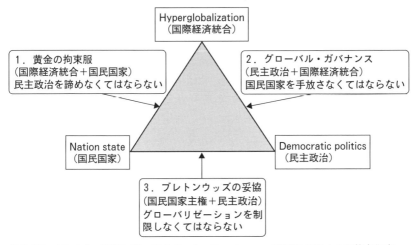

出所：Dani Rodrik（2011), The Globalization Paradox, p.p.200-201.図をもとに筆者作成。

組み合わせを示す三辺の同時達成という選択組み合わせは不可能なこと
を提示している。
　ロドリックの考察、その延長線上での国際ガバナンス体制の再建に向
けた新たな国際協調体制構築への提言としての「ブレトンウッズⅡ」の

提唱は上述の通り、ともにこの理論モデルに依拠している。それを念頭に、まずロドリックの考察から見てみると、モデルに沿って、（今の）「ハイパー・グローバリゼーション」をさらに推し進めていくつもりならば、「民主主義（大衆政治）」あるいは「国民国家主権（国家主権）」のどちらかの追求を断念せざるを得ないことが指摘される。次に、2つ目の選択として、「民主主義」を譲れない条件としてその進化を進めていくのであれば、「国民国家主権」もしくは「グローバリゼーション」のどちらかを諦めなくてはならない。そして第3の選択として、「国民国家主権」を最優先とするのであれば、「グローバリゼーション」か「民主主義」のどちらかを手放すしかなくなると説く。それらを指摘したうえで、現実的な考察を進めている。

　順に見てみると、グローバリゼーションと民主主義（大衆政治）の組み合わせを優先する（つまり国民国家主権を放棄する）のであれば、モデル上からは政治をグローバルで遂行可能なレベルに引き上げることが必須条件となるが、「これは近い将来においてとても実現しそうにはない」とロドリックはその選択肢を非現実的として退けている。何故なら、それは「世界規模の一体的政府共同体の樹立」を求めることに他ならず、その基盤として民主主義に基づく世界規模のルールづくりが最低限必要となってくるが、「遠い未来ならいざ知らず、現時点においてはまったくの理想でしかなく、段階を踏んでいかないことにはその可能性すらも見えてこない」からである。[1]

　この第一の選択肢の不可能性は、その具体例として例示するEUの展開に照らすとよりわかりやすい。現在のEUはある種の共通ルールを敷いたうえで、国家主権にあたる政治機能の一部を委譲することにより構成される共同政治体のもとで統治・運営されている。だが、すでに見て

きたとおり、それは緊密な政治共同体とは依然程遠く、財政統合や共通外交・安全保障体制の一元化等はなかなか進んでいない。「多様性のなかの統合」という言葉に象徴されるような二律背反性を秘めた統合理念のもとで、画一化を推し進めようとすれば、当然多様性が損なわれる。EUのような歴史・文化面での共通性が高く時間をかけて国家連合から広域共同体国家への統合を進めてきたところでも、一体的政府共同体の樹立にはまだまだ時間を要する状況にある。それに鑑みれば、世界規模の政府共同体の樹立を前提にした選択肢が現実解にならないのは自ずと明らかである。

　一見最良の選択肢として選ばれそうな第一の選択肢だが、また実際ロドリック自身が教壇で学生にアンケートをとると圧倒的な支持を集めるという選択肢だが、その必須条件となる「世界政府樹立によるグローバル・ガバナンスの達成」は現実的な時間軸で見込めそうにない。そのため、その選択は不可能であり、かつ不適切でもあるとロドリックは指摘している。不適切というのは、「その推進のために多様性を押し込める危険性とグローバル・スタンダードや規制やルールを設けて国家の正当性を制約することはまったく望ましくなく、せいぜい行き着く先は心もとない最低限の共通基準と効果の薄い縛りを合わせ持った体制となって、却ってガバナンス不全の状態にすら陥りかねない危険性がある」（ロドリック p.237[2]）と見なしているからである（ロドリック 237pⅱ）。

　では、二つ目の選択肢、民主主義を諦めグローバリゼーションと国民国家主権を選択した場合（つまり民意による民主政治の放棄の場合）についてはどうか？　その場合、民意よりもグローバル・ルールを優先する政策がとられることになる。つまり、対外的には、自由貿易および資本移動の自由が優先される方向へと舵をきることとなり、グローバル・スタンダードなルールのもとに、世界各国が基本的に市場ルールのもと画

一化していくこととなる。その「グローバル市場の完成」のもとでのそれに沿った国際ガバナンス体制が再編されていくことになる。これはすでに第 2 章でみてきた19世紀体制に基本的に同じとなり、フリードマンが示した「黄金の拘束服を皆が着る」選択肢となる[3]。この「黄金の拘束服＝国際金本位制」により19世紀の国際体制を支配していた当時のイギリスのシステムは、確かに上手く機能した。特にその国際決済システムは取って代わられるものがないほど精緻に整備され、その遺産は今も国際金融センター、ロンドン「シティ」に引き継がれ揺るぎない地位の維持に貢献している。

　だが、裏を返せば、既述の通り、それは帝国主義の支配のもとでの強制されたルールで世界が動いていたからこそ十全に機能したものであった。それ故、ロドリックはこの選択肢も現実解としては否定的である。圧倒的な覇権国イギリスのパックスブリタニカのもとでの今日のグローバリズムにも似かよったかつての情景は、帝国主義のもとであったがゆえに成り立ったもので、その前提のイギリスの覇権の衰退が顕在化すると瞬く間に19世紀システムとその体制は自壊していった。過去におけるイギリス帝国を中心とする絶対的支配のもとで経済的に従属した領地に平和と安全が保障された状態は、今とはまったく異なる民族自決と民主主義台頭以前の情勢下でこそ達成され成立し得た体制であり、それを「基本的人権」や「民族自決」の尊重に反して復活を試みたところで限界がある。すぐに自壊に至ることは目に見えていよう。

　そうなるとロドリックの選択では、必然的に残った三つ目の道が妥当という結論に至る。それは、民主主義と国民国家を結び合わせることで、グローバリゼーションに制限をかける方策である。現状行き過ぎた「ハイパー・グローバリゼーション」の問題が指摘されているなか、「ブレ

トンウッズ的妥協」、つまりハイパー・グローバリゼーションを放棄す
る選択は、モデル枠組み上も自然な選択肢の一つとして浮びあがる。
1960年代半ばまで継続した戦後ブレトンウッズの原型体制は、自由貿易
と国内規制のバランスを資本輸出規制によって図りそのもとで、民主主
義と国民国家主権の両立を図るという、第 3 章でもみてきたラギーが
「埋め込まれた自由主義」と特色づけたガバナンス体制であった。既述
のように、この体制は、経済の国際化とそれと並行した規制緩和、特に
国際資本移動の自由化の進行によって行き詰まりに直面していったが、
それは当初のブレトンウッズ体制自体がシステムとしての有効性に欠陥
を有していたからではない。その延長線上で考えるなら、ロドリックが
考察するように、「ハイパー・グローバリゼーション」を抑制する「ブ
レトンウッズⅡ」は 1 つの現実解、ロドリック・モデルからは唯一の現
実解として浮上してくる。

　現在、多くの弊害を起こし国際体制の危機を引き起こしている「ハイ
パー・グローバリゼーション」を制約することによって「国民国家の主
権」と「民主政治」を両輪とする体制の復活を図る、それが現実的アプ
ローチであるとの提唱である。ロドリックは、これを現段階では民主政
治による意志とその結集である国が司る国家主権の度合いを、時代に合
わせて保護主義に返り咲かない程度に、国益も考慮しながら進めていく
べきとの考えの下で提示している。ハイパーを頭語につけるほどにその
行き過ぎが目立っているグローバリゼーションの今の状態を是正し、再
度国民国家と民主主義の優位性をもう少し高め、再びほどよい規制をか
け直すことで国際秩序の回復を図ろうとする折衷案である。具体的には、
国際資本移動など必要な規制は再度取り入れる一方で、労働者の自由移
動に関しては緩和を進めるという形でシステムの再構築を図り、現状を
見据えながらそれら政策を進めていく必要があるとしている。

　そのブレトンウッズ体制の再建ともいえるロドリックの提示は、「ニュー・ブレトンウッズ」ないしは「ブレトンウッズⅡ」と呼ばれる国際経済・通貨体制の再編論議へと広がり、リーマン・ショックによる国際金融危機を受けて2009年にスティグリッツらを中心に体系化された政策として国連報告書としてまとめ上げられた[4]。それは、ドル基軸通貨体制からの脱却を図り、新たな国際準備通貨システムを創設することをベースに据え、IMF・世界銀行の統治体制の民主的改革を促すとともに国連世界経済理事会の創設をもって秩序ある世界経済体制の立て直しを図ることを企図したものであった。このロドリックの現実的選択肢の大枠の下で体系化された再建策は、ノン・システム化した世界経済体制のなかで直面する経済の不均衡、失業問題や格差の拡大、そして市場原理主義の弊害など世界経済の広範なガバナンス上の問題をカバーする再建策として提示されている。

　スティグリッツ等によるこの報告書は、通貨体制の改革や国連ベースの世界経済の統治体制の創出などに踏み込んだ画期的な処方箋であった。だが、ドルを基軸通貨とした国際経済・金融体制に固執するアメリカ政府がそれを受け入れることはなく同報告書は無視同然の扱いを受けることになった。その体制を譲る気が毛頭ないことは、この国連報告書が米政府による無視から棚上げとなって今日に至っていることからも明らかである。それゆえ、現実的には仮に新ブレトンウッズ体制をスタートできたとしても、ごく限定された形に留まる公算が高いと見ざるを得ない。

　新体制も当初のブレトンウッズ体制と同様にシステム機能上グローバル化との二律背反性の問題を内包する。その二律背反性の抑止のためのグローバリゼーションの抑制が、高度にグローバル化が進み国家に対抗し得るまでに市場の自立性が高まってきた現状下でどこまで可能かとい

う高い壁を残しているからである。ロドリックの考察、提唱と併せ、共通する体制再建への選択、すなわち「国民国家主権」と「民主主義」という 2 つの命題の実現・保持を前提条件にすれば、「ハイパー・グローバリゼーション（国家を超えた世界経済の一体化）」の抑制を図るという選択は相対的に最も合理的なアプローチではある。しかし、グローバリゼーションは今やロドリック自身の言葉を借りても「ハイパー」レベルまで経済構造の世界一体化を進行させて押しとどめ難い事態にまで立ち至っている。2 つの命題の実現・保持を前提とする体制選択が機能し得るためにはグローバリゼーションの抑止は必須条件だが、その抑止への現実的補完策が伴わなければ選択の方向への体制移行も現実には進まない。

　現下直面する国際ガバナンス危機からの脱却に向けたガバナンス体制の再建に向けては、ロドリックの体制選択モデルからの方向性の示唆を踏まえつつも、その必須条件としてのグローバリゼーションの抑制ないしそれとの融和に向けた補完策を含めて検討されていくことが必要となろう。現下のグローバリゼーション自体をなかったことにはできず、すでに異なる経済構造の上に世界は立っていることを忘れてはならない。世界が今さら原始時代に戻れないことと同様に、巨大情報プラットフォームの出現を含めて高度なグローバリゼーションへと進化した現状を以前に引き戻すことはできない。ロドリックのモデルはマクロ的視点からの選択モデルとしては非常に示唆に富むものであるが、トリレンマの相互間における二律背反性が深刻な場合には、ロドリックの理論枠組み内での選択のみでは前章でふれた水野の指摘のようにすべての選択肢が壁に突き当たり政策論としての現実性がなくなってしまう恐れがある。

　スティグリッツ等の提唱も、全体として、経済思想の転換を含めて国際経済体制の抜本改革をブレトンウッズⅡとして提示するものであり、

現実的には実現への壁が高い。たとえそれが実現するにしても長い時間を要することは明らかで、現下の国際ガバナンスの再建策としての現実性は低いと言わざるを得ない。ただし、同報告書に示す一連の方策のなかには、ガバナンス再建の考察を進めるうえで示唆に富む視点も含まれている[5]。たとえば、新たな世界経済のガバナンスに向けて、国際公共財（環境保護、世界経済システムの安定、公正な貿易ルールなど）の供給における分野別の国際協調（そのための国際ルールの制定や個別ガバナンスグループの形成）の提案である。こうした提案には、国際ガバナンスの主体を一体的な政治主体としての世界政府の形成に求めるのではなく、国民国家間の国際協調に求め共通課題別に協調を進めるという現実的アプローチが窺われる。それは、グローバリゼーションの進行を是認したうえで国際ガバナンスの再建を現実的に進めていくための補完策の検討に重要な例示となり得よう。

　また、「ニュー・ブレトンウッズⅡ」がハイパー・グローバリゼーションに対し、一定の秩序を保つために規制をかけていくとの姿勢は、グローバリゼーションとそれに伴う市場の構造変化を、その変化自体を抑制するのではなく一定の公益秩序に沿った発展を促していくためにもグローバル化との融和補完策の1つとなり得よう。加えて、G20からG192構想の提唱によりグローバル・スタンダード（一律化）と多様性の両立を試みていることも、グローバリゼーションとの対立ではなく共生的アプローチへの重要な足掛かりとなろう。これはロドリックのいうところの「多様性を超越したグローバル・スタンダード」ではなく、国民国家をベースとした国際協調体制の再編を志向するアプローチとして、その参加国を世界規模で一挙に広げることは現実性を薄めかねないとしても、グローバリゼーションと世界ガバナンスの共生への具体的方策の1つとなり得ると見做されるからである。

　以上のように、ロドリックの理論モデルは、またそれに準拠した国際
体制の選択論議は、今後の国際ガバナンス体制の再編を考察していくう
えで重要な枠組みを提供する。だが、そのトリレンマの範疇での体制選
択論議では、グローバリゼーションが是正できるか否かにおいて選択の
袋小路に陥ってしまう。ロドリックはそのための妥協にも言及はしてい
るが、グローバリゼーションと国民国家主権の対置の構図ではグローバ
ル・スタンダードへの収束か各国社会経済体制に立脚した国民国家主権
の保持か二者択一の構図で国民国家主権の維持のためにグローバリゼー
ションを政策的に抑え込む他はない。

　その一方で、現実的には、グローバリゼーション自体は戻れない流れ
として捉えざるを得ない。政策的抑制の程度による妥協という範疇では、
旧ブレトンウッズ体制の行き詰まりと同類の国際ガバナンスの機能不全
にすぐに陥ってしまう。袋小路の所以である。そうすると国際ガバナン
ス体制の再建に向けた現実的枠組みの考察において求められるのは、グ
ローバリゼーションとの対立ではなく融和や共生に主眼をおいたアプロ
ーチとなろう。先に見たスティグリッツ等の報告のなかにもこうした接
近へのヒントが含まれていたが、そのグローバリゼーションとの共生の
考察をしていくうえで別の角度から重要な視座を与えてくれるのが、ベ
リントンとクリフトによる「ハイブリダイゼーション（hybridization）」
アプローチである。

２．ハイブリッド型クリフト・ペリントン・アプローチからの示唆

　先にあげたロドリック・モデルは国際政治体制の矛盾を的確に示し、

そのなかでの体制選択肢の組み合わせを提示した。だが、ロドリックの
モデルのみでは、そのモデルの表題でもある「トリレンマ」が含意する
ように選択肢間の二律背反性が深刻であると選択は袋小路に陥ってしま
うことは上記のとおりである。そのブレークスルーの考察への大きな手
がかりとなるのが、コリン・クラウチの「（多様な資本主義の）'recombi-
nant'（組み換え）論」とそれをベースとしたベン・クリフトの分析、論
考である。彼らは、（多様な資本主義が存在するなかで）「グローバル・ス
タンダード化への収束か、固有性への固執か」の二者択一の対立構図で
世界経済の構造変化を捉えるのではなく、その融合、個々の多様性を残
しながらのHybrid形態による組み換え（リコンビネーション）プロセス
を経て産業、経済が変容していくことを明らかにした。

　彼らの見解や分析は、ミクロ産業ベースの「ハイブリダイゼーション」
による変容の提示だが、この「ハイブリダイゼーション」アプローチは、
マクロの国際体制の選択問題にも、つまりグローバル・スタンダードへ
の画一的収束か、もしくは国内経済体制の固有性と主権への固執か、と
いう二者択一から離れ、「融合化」による二律背反性を避けた安定的国
際ガバナンスの再編への道をさぐる有力な手立てとなる。

　以下、その概要を見てみると、グローバルなレベルで見たとき、1990
年以降アングロサクソン（英米）流の市場主義に立脚した資本主義が世
界を覆い、経済のグローバル画一化をもたらしてきた事実に異を唱える
者はいない。同時にそれが多くの弊害をもたらしてきたという指摘や見
解は、2007年以降に一連の金融経済危機を経験したことも手伝い、多く
が共有、指摘するところでもある。だが、マクロレベルから俯瞰した見
解や啓示は、当然マクロレベルに終始しがちであり、ミクロからのアプ
ローチをもってより具体的な事例に基づき、英米流の資本主義とその受

容国の産業、経済体制との衝突と融合等を緻密な分析した事例は意外に少ない。

　英国ウォーリック大学で教鞭を執るベン・クリフトは、そうしたミクロレベルでの内外の産業、経済の融合に目を向け、クラウチの提示したリコンビナント論をベースに、アングロサクソン（英米流）資本主義がフランス資本主義に与えた影響とその受容の実態を産業ベースの融合の視点から仔細に分析している[7]。その分析を通してクリフトは、異なる形態の資本主義同士が国際的な動向に晒されながら国内にその浸透を受け入れるとき、それは単なる受容ではなく各国に内在する個別の事情を折り重ねて融合していく過程を辿る、その融合過程を経る中で「ハイブリッド化」して変容していくことを明らかにした。その変容は企業ベースで始まり国内経済全体のハイブリッド融合化へと発展するとした[8]。

　このクリフトの分析アプローチは、もともとクラウチが展開した資本主義の「リコンビナント（組み換え）論」に依拠して発展させたものであった。そこでクラウチの「リコンビナント（組み換え）」論に遡ってみると、クラウチは、まず資本主義の多様性が「時が経つにつれて固定されていく」とする見方を完全否定し、「特性の変化に対するルールなどない」との基本認識から論を展開している（クラウチ、2005年、p.444）[9]。さらに「資本主義の多様性」や「経済機関の多様性」、「経験的事例」などを広く分析したうえで、これらの分析や研究が事前に理論的に類型化された資本主義の型式に当てはめるために使われるべきものではなく、むしろ（多様性の事実を確認するために）「これら（資本主義の）型式がそれぞれの国にどのように存在しているのか、またその存在比率や多様性の程度などを見極めるためにこそ活かされるべきである」とした[10]。

　この彼の実態重視の見解は、資本主義モデルの在り様をありのままに

捉え多様性の実態を明らかにするもので、多様な資本主義を自由市場経済型か中央集権型かあるいはその折衷型か、といったアプリオリな型式分類とは正に対置する見解であった。それは自然、2000年以降注目されるようになった資本主義の「グローバル・コンバージェンス論」への痛烈な批判ともなった。それを通して、クラウチは、「収束化か恒久化か」という二択、あるいは「どの資本主義か」という型式類型学的志向からくる狭小化の弊害や誤認、さらには「時間とともに固定化される」といった固定観念からの脱却を促し、多様性の実態を正確に捉える有益なアプローチを提示した。それは、「一旦、個々の構成要素に分解し、……新しい形に再結合する」としたクラウチのこの「組み換え資本主義」論は、時間の経過とともに変容を重ね、また多様化が進む資本主義の動態を分析する際の重要なレンズを提供することになった[11]。

　クラウチが示したこの分析アプローチは、アングロサクソン流の市場資本主義への一律収束化だけでは表わせない資本主義の変容の実態を浮き彫りにするとともに、資本主義の真の多様性への認識を広め、新たな分析視座を提供することにもなった。このクラウチの研究に呼応する形でクリフトは、これまでのアングロサクソン流のリベラルな市場経済へ向けて世界が収束しているという収束論に疑問を持ち、実際に資本主義内に生まれる変化のメカニズムに焦点をあて、その結果として変化の過程に起こる「ハイブリダイゼーション」現象をもって、収束化や画一化とは異なる変容が産業そして経済で進むことを明かしていくことになった[12]。クリフトは、それを一般産業のケースに加え金融市場の制度や構造変化にも広げ、変化は国際的潮流への直線的な収束ではなく、国内的固有性との部分融合で変容が進むことを実証面でも明らかにした。

　クラウチのアプローチを入れ、クリフトが実証分析を通じて示した国

図16　ハイブリッドアプローチによる懸け橋イメージ図

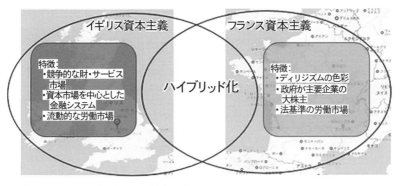

出所：Clift. B（2007）参照し、筆者作成。

際レベルと国内レベルとの統合が直線的な対立の構図のなかでの画一的収束として進むのではなく「ハイブリッド」化を通じて融和的に進むとした分析、それを産業レベルからフランス資本主義全体にまで広げると、図16のように要約提示されよう。

　このことは、ロドリックのモデルからの選択肢に照らした場合、グローバル統合と国民国家主権の両立に向けた「架け橋」が存在し得ることを示唆する。すでに見たように、ロドリックの選択モデルはあくまで他の一つの選択を犠牲にすることが大前提となるトリレンマ・モデルであった。スティグリッツ等の提言を含めて、グローバル統合と国民国家主権の二律背反はグローバリゼーションと国民国家主権との対立関係を反映するものであり、国民国家主権をとるなら「グローバリゼーションに手綱をつける」政策戦略をとるほかない。

　ロドリックのモデルに示される通り「新ブレトンウッズ構想」に代表される処方箋は、あくまでも抑えて凌ぐことを目的とした対症療法的「妥協」であり、これでは新たなガバナンス体制への政策対応への道は

開けない。もちろん、クリフトの「Hybrid国際融合モデル」をそのまま国際ガバナンスの再編や新たな構築に向けた「架け橋」として応用していくことはできない。それは広範な産業レベルの自立的国際融合のプロセスであって政策協調的に推進し得る性質のものではないからである。しかし、二律背反への「架け橋」の存在を示唆したことは意義が大きい。その架け橋を見出すことで、グローバリゼーションの非可逆性を前提としてもその下で「国民国家主権」と「民主主義」の2大命題を達成し得る国際協調とそれに立脚したグローバルガバナンス再建への道が開ける可能性が出てくるからである。

　グローバリゼーションは繰り返すまでもなく「ハイパー」なレベルに達し、それに19世紀と類似の「黄金の拘束服」をその拘束の程度にかかわらず世界経済に着せることはもはや不可能な状況に立ち至ったのが現実である。ロドリックが言及した「妥協」の余地も小さい。実際、コヘインとナイは、「通信技術と移送技術の飛躍的な進歩は、時間と空間の圧縮に成功し、国境をまたぎ、社会、経済、政治の相互依存関係と互恵関係を強めた」[13]としている。その結果として得たこれまでにない効率性は無限なまでの繋がりを広げ、それら結びつきが組み込まれた世界に現在がある。当時、国連事務総長であったコフィ・アナンが述べたように「グローバリゼーションに対して文句をあげつらうことは、すなわち重力の法則に対して文句をつけることと同義である」[14]。しかし、それを前提とすると「国民国家主権」と「民主政治」という2大命題実現の選択肢はなくなるという体制選択の袋小路に陥ってしまう。そのブレークスルーは、「国民国家主権」と「グローバル経済統合」の間に融合を可能とする「架け橋」を設けることにあることをクリフトの「Hybrid国際融合モデル」は示唆した。ハイパー・グローバリゼーションが進行するなか

で危機に瀕した国際ガバナンス体制の再建に向けては、そうした架け橋になりうるものとは何か、それを見出し、取り込んだ国際協調体制の組織化を基本に進めていくことが、示唆を生かしたガバナンス体制の再建を可能にさせていく現実性の高いアプローチとなろう。

【注】

1）Dani Rodrik（2011）、（柴山佳太・大川良文［訳］（2014））pp.207-214より引用。

2）同上p.237より引用。

3）Friedman, T.L.（2000）pp.104-06参照。

4）詳細は、Stiglitz, J.E.（2009）、（森史郎［訳］（2009））参照。

5）同上。

6）例えば、Stiglitz, J.E.（2010）、Rodrik, D.（2011）など。

7）Clift. B（2004）および（2007）参照。

8）同上。

9）クラウチ（2005）p.444を参照。

10）クラウチ（2005）p.444より引用。

11）クラウチ（2005）p.440を参照。

12）Perraton & Clift, B.（2004）参照。

13）Keohane & Nye 2000より引用。

14）コフィ・アナン国連事務総長（2009）の言葉を引用。

第9章　21世紀型国際協調ガバナンスの再建に向けて

1．新たな変化と再建への2つの架け橋

　多様な主権国家の存在とその継続を前提とすれば、ロドリックのモデルが明示したようにハイパー・グローバリゼーションの進行で歴史的崩壊の危機に直面してきた現下の国際ガバナンス体制の再建への道は見出しがたい。しかし、その再建がなければ国際社会は協調への基盤となる枠組みを失い、分断・対立と自国第一主義の広がりのなかで1930年代類似の危機を現出させかねない。この喫緊の課題に関し、前章での検討から浮かび上がってきた再建への示唆は、「国民国家主権」と「グローバリゼーション」との「融合」をキーコンセプトにそれを促す「架け橋」を複合的に設け、ガバナンス体制の再建を図るという新たな視座からのアプローチであった。

　新たな視座からの再建論議は、そうした示唆に加えて、グローバリゼーションの高度化に伴う新たな変化をも見据えて現実的再建を検討していく必要があろう。たとえば、90年代以降のグローバリゼーションの加速化に触発されるように世界的に地域経済統合化への動きが広まっていたことである。この一見、グローバル化と対立する地域化の広がりはグローバリゼーションの陰で見えにくくなっていたが重要な潮流であり、その特質や影響を含めて再建論議に加えていく必要があろう。また、環境やエネルギー問題等に加えて、巨大プラットフォーマーの台頭による

情報独占問題や世界規模での感染症等への医療協力問題など世界的テーマへの取り組みの問題も視座に入れ検討していく必要があろう。本章では、そうした新たな視座からの21世紀型の国際ガバナンス体制の再建について論考を進め、広範な論議と取り組みへの足掛かりを提示していくこととしたい。

　まずロドリック・モデルの枠組みでは、すでに見てきたように「国民国家主権」と「民主主義」の二大命題の保持を前提とすればグローバリゼーションとの組み合わせ選択肢は両者の二律背反性の壁から成立しない。それ故、スティグリッツ等の提案を含めて国際ガバナンス再建の道はグローバリゼーションの制限という「戦後ブレトンウッズ体制の妥協」と類似の選択の他ない。このことは、経済グローバリゼーションの特質に照らして捉えなおすと、ロドリック・モデル以上に明白になる。すなわち、経済のグローバリゼーションは、地球規模で画一水平化が進行していくことに他ならない。

　一方、国際統治としての国際政治体制は、多様な主権民族国家より構成され、それぞれの国際影響力も一様ではないバーチカルな（縦の）構造より成り立っている。経済のグローバリゼーションは、経済諸要素の一律的均等化を伴って広く市場と経済の水平的統合を加速的に推し進めるが、国際政治体制はそのバーチカルな構図故に、したがって多様性を認めた主権国家の存在を命題とする限りおいて、グローバリゼーションとのギャップを広げていかざるを得ない。

　この市場と経済の水平化と縦の多様性から構成される国際政治体制のギャップがもともと二律背反性として国際体制には内生しており、グローバリゼーションの進行によりそれが急激に拡大していくなかで国際ガバナンス体制は自壊の危機に直面してきたといえよう。

　この構造ギャップは、政治体制の根本的変化、その水平化への構造変化がない限り埋まらない。ロドリックはその実現を非現実的と退ける一方、スティグリッツ等は世界政府の組織化を提案に含めた。一見正反対に映るが、ともに「国民国家主権」と「グローバリゼーション」を国際ガバナンス体制において両立させようとするなら、世界政府の樹立、ないしそれに類似の世界政治権力の一体的組織化をおいて他にはないとの認識で共通している。

　この「縦・横」の構図からの視座は、ロドリック・モデル以上に簡潔に「二律背反性」の、そしてグローバル化が招いた格差の進行と社会の分断、対立や排外主義の台頭の構図を示してくれる。さらに重要なことは、この視座から見ると、ロドリックの「閉鎖モデル」からは想定されない国際ガバナンス体制の再建に向けたキーコンセプトとなる「架け橋が」捉えやすくなる。すなわち、クリフト等が示した「ハイブリダイゼーション」という「融合」化への「架け橋」を、「国民国家主権」と「グローバリゼーション」のギャップを埋める「架け橋」として捉え、ガバナンス体制に組み入れていく道を示唆してくれるからである。その文脈で想定される複数の「架け橋」を体系的に内生化して国際ガバナンスの再建を進めることが可能となってくる。

　それら「架け橋」は2つの側面から進めることが可能であろう。1つは経済の水平フラット化はそのままに、地球規模の課題にテーマ別協調行動で取り組むようなグループ組織化による「縦の架け橋」の設定アプローチである。もう1つは、国際政治体制のなかでの水平的体制への再編を地域的「ミニ・グローバリゼーション」を段階的に発展させていくことを通じて促していく「横の架け橋」からのアプローチである。

　「縦の架け橋」からのアプローチから見てみたい。多様な主権国家の

存在という現状に立脚してグローバリゼーションとの融合の架け橋となりうる手立てを考えると、まず想定されるのが、スティグリッツ等の報告書でも一部示唆された地球規模の課題へのテーマ別国際協調の取り組みであろう。体制そのものの組み合わせ再編ではなく、多様な主権国家の存在を前提として現状に対立することなくテーマグループ別に超国家ベースで「グローバリゼーション」との間にかける架け橋としての取り組みである。その組織化は、国連の場を通じて進めるのが自然であろう。スティグリッツ等の提案との大きな違いは、その主体をスティグリッツ等は基本的に世界政府の創設と想定していることである。それでは世界政府樹立の目途が立たなければすでに見たような体制選択の袋小路に入ってしまう。

　グローバルに取り組みが求められるイシュー（課題）は多い。気候変動やエネルギー問題を含む地球環境問題、今次の新型コロナウイルス危機に代表される地球規模の医療協力問題、さらには、世界規模の情報独占への国際公共からのグローバルな規制問題などがそれである。国家を超えての協調が求められる地球規模の問題、課題でのテーマ別協調の取り組み、それらを、経済のグローバリゼーションと直接対立しない、むしろその安定的発展を補強する仕組みとしてガバナンス体制に組み込んでいくことである。

　そうした協調の環で世界を跨ぐ「縦の架け橋」として複数架け、それを増設していくならグローバリゼーションによる世界経済と国際社会の構造的フラット化が進んでも、そうしたフラット化に沿って協調の環はその形がフラット化していくだけで機能に支障を来すことはなく国際ガバナンス体制を柔軟に維持、強化していける。それをモデル化して示すなら、図17（次頁）のようになろう。

図17　グローバル・テーマ別協調モデル（Global Cooperation by Issue, GCI model）

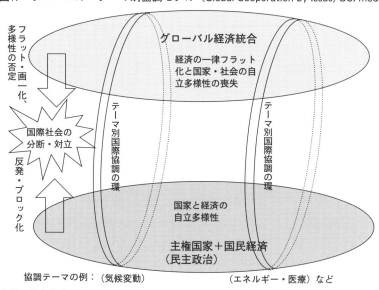

出所：筆者作成。

　具体的には、国連主導のSDGs（Sustainable Development Goals＝持続可能な開発目標）などがその先導的「縦」の架け橋として国民国家を超えた協調の環となり得よう。周知のように、SDGsは国連が主導する「持続可能な開発目標」の下での超国家的協調行動への取り組みであり、その開発サミットには150を超える加盟国首脳が参加して全会一致でそのアジェンダが採択されている。SDGsは「国連のミレニアム開発目標（MDGs）」の発展的後継として設定されたもので開発主眼から「地球規模」的視点で17の分野に分類された達成目標を掲げて設定されている。その達成課題には、貧困や教育問題に加えて、エネルギーや気候変動問題まで「人」と「地球」に関わる課題が掲げられ、その下で169の具体的達成目標を掲げ、各国が2030年までにそれらを政策に落とし込んで達成していくことを求めている。[1]

　これら目標の達成は、経済の「グローバリゼーション」と対立するものではない。たとえば、気候変動問題は、2019年の世界の企業経営者アンケートで最大の関心事となっている。気候変動問題やエネルギー問題のみならず、地球規模で共有できる課題への取り組み目標とその協調の枠組みを設定すれば、経営者や株主もその取り組み分野への投資にシフトを進める形で市場との連動も進み得る。それは架け橋の幅と規模を拡大していくことに繋がる。こうした架け橋の設定を広げていけば、多様な国家群の隔たりを超えて世界を跨ぐ国際協調の環と基盤が広がっていく。

　SDGsの取り組みテーマは「縦の架け橋」の好例だが、その架け橋の組織化となると、国連の既存機関など国際機関がそれぞれの分野で担うことが想定されがちとなる。だが、既存の国際機関は、基本的に国家群の「縦の構造」を反映する組織であり、国家群を跨ぐ協調組織としては必ずしも適さない。SDGsは国連が主導的「場」を提供したが、既存の国連機関に属すものではない。すでに行政的にも組織化された機関では、組織化への「場」の提供は望ましいとしてもそれら自体がここでいう「架け橋」機能を果たすことには限界があろう。たとえば、新型コロナのパンデミックで国際医療体制での国際協力が不可避で最大課題となったが、WHO（世界保健機関）はその国際協力や新たな体制の整備に期待された役割を十分に果たすことはできなかった。むしろ政治的配慮等から協調のリードどころか主要国間の対立を助長するような結果を招くことにもなった。

　既存の国際機関のなかでも中央銀行間の協力組織として特異な機能を果たしてきた国際決済銀行（BIS）のような機関は「架け橋」の役割を担い得ようが、国家群の政治枠組みに嵌った多くの既存国際機関では「架け橋」機能を期待するのは難しいといえよう。そして今SDGsに掲げる

ような課題のみならず、「グローバリゼーション」の進行のなかで巨大プラットフォーマーの出現と彼らによる国家を超え得る情報の寡占ないし独占という問題も台頭している。これは基本的に規制の問題となるが、「グローバリゼーション」の単なる抑止という問題ではなく、国際公共の視点と市場の安定的発展のために必要とされる規制の問題であろう。こうした新たな課題を含めて、国家間で論じることからはじめて平板化する世界経済を跨ぐ協調の環を広げ、現実性のある国際ガバナンスの再建を進めていく必要があろう。

　一方、「国民国家主権」と「グローバリゼーション」の二律背反のギャップを、経済構造の内部変化を通じて「融合」化を促していく、この側面からの「架け橋」を考察すると、そこで想定されるのが、地域（経済）統合の広まりによる融合である。地域統合、ないし「地域共同体の形成」は、一般的には、グローバリゼーションと対立する流れと捉えられてきた。しかし、円居（2008）も指摘するように、「地域共同体の形成は、往々にして地域ブロック化として捉えられがちだが、域外とのオープン性を低下させない限りグローバル化と対立するものでない。むしろ、その形成は、グローバル化の進展で一国経済の範疇では管理も政策的対応も限界になってくる状況への対応として、経済・社会構造的に類似性の高い近隣諸国で台頭したグローバル化への現実的適合過程として捉えられる[2]」。

　実際、その形成の先頭に立ってきたEUの歩みに照らしても、当初、EUの閉じ籠り化として"Fortress Europe"（ヨーロッパ要塞化）と警戒された時期もあったが、内部の自由化と並行して対外的自由化を進め、"Fort-less Europe"（開かれたヨーロッパ）と見做されるようになるなかで共同体化を進化させてきた。それは自然な発展でもあろう。地域共同

体化は一般的に社会の基礎構造を成す経済の共同体化に始まる。それは当該地域内でのグローバル化を段階的に促す方策である故、世界的なグローバル化との連動性が高く、一国では大きなショックなしに進め得ないその連動を共同体としてのクッション機能をもちながら段階的に進めていけるからである。

　このように、地域経済共同体化は、地域的「ミニ・グローバリゼーション」として位置づけることができよう。それら経済共同体形成が広まっていけば、グローバリゼーションと国民経済に立脚した多様な「国民国家主権」との連動性、つまり両者の「融合」化が、フラット化していく世界経済のなかで構造的に進んでいくことになる。社会の基礎構造を成す経済体制の変化は上部構造の政治・社会体制の変化を伴うから、地域経済共同体化ないしそのさらなる発展形としての地域共同体化の広がりはグローバリゼーションにより「フラット・一律平準化」へと進む世界経済と高低差の大きい「縦」の政治ヒエラルキー構造をもつ国際政治体制の段階的水平化を進め、「グローバリゼーション」と「国民国家主権」の「融合」化を推し進めていくことになるからである。換言すれば、地域（経済）統合化は、その統合自体の目的に加え、「グローバリゼーション」によりフラット化、つまり「横」への一律化が進む世界経済の構造変化と国際政治構造間で拡大する二律背反のギャップを埋め、「融合」化を促す体制内での「横」の「架け橋」機能を兼ね備えた施策でもあるということである。

　この「横」の「架け橋」とグローバル経済統合との「融合」関係を「グローバル・地域融合化モデル」と仮称して要約図示すれば、図18（次頁）のように示されよう。図に見るように、グローバリゼーションは、図の「主権国家・国民経済」と「グローバル経済統合」の間にある高低差をも

図18　グローバル・地域融合化モデル（Global-Local Hybrid、GLH model）

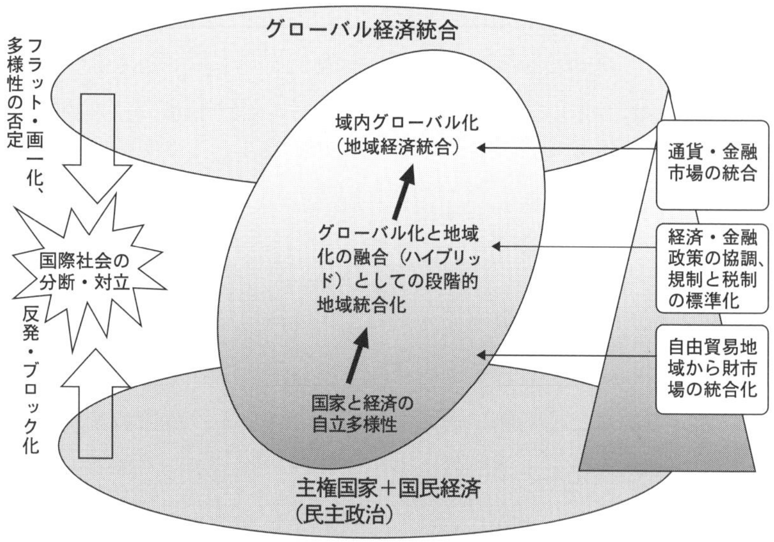

出所：筆者作成。

った多様な「主権国家・国民経済」との空間を飲み込み一律平準化していく動きである。地域化は、その空間のなかで地域的「ミニ・グローバル化」を進める動きであり、世界的な空間の狭まりとの「融合」を段階的に進める機能をもつ関係が示されている。この言わば、統合化への時間軸をもった、そして地域化の発展段階の多様性をも含めた「クッション」がなければ、図の左サイドに示すように、画一化とその反作用としての反発、すなわち、「グローバリズム」と「反グローバリズム」の対立は激化して国際社会の分断、対立が深まっていくだけとなることを示している。

　この融合化モデルの要点は、地域統合の発展段階に沿った「グローバル化との地域毎の段階的融合」ということにある。地域統合がグローバ

ル化と対立するところが大きければそうした「融合の架け橋」にはならないが、現実の世界の地域統合への史的発展に照らしても既述のように、地域統合は、経済・社会構造的に類似性の高い近隣諸国によるグローバル化への現実的適合課程としての性格が強いことがうかがわれる。経済の国際化から本格的グローバル化へと進み始めたのは1990年代からだが、それに触発されるように地域共同体化（その発展段階としての自由貿易地域や共同市場化を含む）が大規模に世界的に進んでいる。

　最も早く高度に共同体の形成が進んでいたEUが「単一市場（One Market）」を実現するとともに、北米、東アジア、南米で、それぞれNAFTA（北米自由貿易地域）「ASEAN　共同市場」およびMERCOSUR（南米共同市場）といった大規模な共同市場の形成や形成への本格始動が始まり発展してきている。NAFTAの統合度は自由貿易協定内の域にあるが、ASEANなどは経済共同体に形成にまで統合を進めている。

　そこでASEANの地域経済統合の展開をみると、経済統合の基盤となる関税撤廃をASEAN自由貿易地域（AFTA）に基づいて2015年までにほぼ完了するとともに、同年11月22日には、念願のASEAN10で構成される「ASEAN経済共同体（AEC）」をクアラルンプール宣言によって誕生させている。それは1992年に創設されたASEAN自由貿易地域（AFTA）の発足からわずか13年後での経済共同体への深化であった。そこに掲げられた「AECブループリント2025」には、①市場統合、②競争強化、③格差是正、④グローバル経済との統合、という4つの戦略目標の下に、17の分野での共同行動計画が策定されている[3]。2018年1月には残っていた関税撤廃も、CLMV（カンボジア、ラオス、ミャンマー、ベトナム）の関税撤廃で完了し、名実ともにASEAN経済共同市場を実現している[4]。南アメリカにおけるMERCOSULは1991年のアルゼンチン、ブラジル、

表12　主要な地域統合の規模と発展概要

	内容	EU （27ヵ国）	NAFTA （3ヵ国）	MERCOSUL （6ヵ国）	ASEAN （10ヵ国）
規模	人口 （百万人）	447.5	493.4	365.2	660.6
規模	GDP （10億米ドル）	15,593	24,442	2,499	3,173
統合発展段階	統合の内容	（4 +）	（1 +）	（3 +）	（3 -）
自由貿易協定	域内関税撤廃	○	○		
関税同盟	域内関税撤廃と 対外共通関税	○		○	○
共同市場	資本、労働等移 動制限撤廃	○	（投資／サー ビス自由化）	○	○
経済同盟	経済政策統合	○		○	
完全経済統合	経済同盟／政治 統合	△			

注：①達成度は一部目標含む。②規模（人口、GDP）比較は2019年ベース。③統合発展段階の（　）内数値はバラッサの発展説に沿った筆者定性評価による発展度。
出所：人口、GDPはWorld Bank database 定性評価値はバラッサ他、関連資料より筆者作成。

パラグアイ、ウルグアイ4ヵ国によるアスンシオン条約で共同市場の創設が謳われ、そこにベネズエラも加わって1995年1月に関税同盟として発足。対外共通関税の創設や域内財、サービス、生産要素の自由移動、マクロ経済政策の協調などを含めてNAFTA以上にEUに近い地域共同体の深化を進めている。その統合深化のためにそれぞれに関連分野における法制度の調和、調整なども進めている。

　これらの規模と概要は表12に示す通りだが、世界の大半をカバーし得る規模となっている。

　90年代以降の世界経済の変動は、グローバリゼーションという流れだ

けに着目されがちだが、実は、それに触発された広範な地域共同体化という２大潮流で展開してきたということであり、またその地域共同体化は、地域閉鎖的発展よりもオープン性を高めて発展してきたということは、その形成がグローバル化への融合的適応過程であったことを物語っていよう。一見、その原点の形成目的が異なるEUについても、当初の共同体形成の目的が、「欧州に二度と戦争を起こさない」との理念と戦後の欧州の政治的復権にあり、それをまず経済統合を通じて実現していくことであったことは周知のところである。

　またその形成はグローバル化の遥か以前でもあったが、60年代の関税同盟の完成と併せ経済・通貨統合の中核となった「欧州通貨安定圏構想」、いわゆるスネーク計画は、世界のドル固定相場体制が崩れ変動制へと移行していくなかで、（旧西側）近隣欧州諸国が独自の地域通貨圏を形成したものであった。それは、変動制という世界一律の「変動グローバル体制」への統合との間の調整弁ないしクッション的役割を果して体制変換への適応過程を時間的猶予を含めて円滑にしてきたといえよう。

　この他、80年代に始まり90年代初めに完成をみたEUの「単一市場」の形成も、当初、参加国間で財市場の工業規格などを含めた基準の統一と規制の自由化を、できるところから広範に進めて域内市場の統合を完成させていった。それが世界的に本格化したグローバリゼーションへの準備となり、グローバリゼーションとの連動を地域全体として段階的に進めていくことを可能にしていったといえよう。そして、このEUを含めて、進行中の大規模な地域統合への動きは地理的統合、つまり隣接地域で構成された地域経済統合を核としていることからも、その形成は、グローバル化への反作用としての地域化ではなくそれとの連動的適応過程を反映したものであったと捉えられよう。

　この地域融合架け橋モデル、仮称「グローバル化・地域融合化モデル」
をその概要図（図18）に沿って敷衍すれば、地域統合は第5章のバラッ
サの統合論でも見たように、自由貿易協定から関税同盟を経て財市場の
統合、そして金融市場の統合から通貨統合へと社会の基礎構造を成す地
域経済統合が進む。それと連動して上部構造である政治・社会体制の統
合も進む。図の右サイドにそうした統合発展プロセスの要約を示す通り
だが、この過程は、地域内グローバル化の発展プロセスでもあり、究極
的には、連邦制など一元的政治体制となって地域的グローバル化は完成
する。そこで世界的なグローバリゼーションとの融合も完成する。その
最終形に至る発展段階がそれぞれのレベルでの地域とグローバリゼーシ
ョンとの融合であり、図の傾きをもった円形の面で表されている。

　その地域グローバル化がグローバリゼーションでフラット化していく
世界経済に段階的融合していく故、傾きをもって融合への接近関係を示
している。それは世界経済の内部での構造的フラット化という「横」へ
の変化への融合の「架け橋」機能を果たすところから「横」の「架け橋」
と位置づけている。すなわち、「地域統合」は「横」への構造変化である
「グローバル経済統合」と多様で階層的な構造から成る「国民国家主権」
の二律背反性のギャップ埋める「融合」への「架け橋」をその統合度合
いに応じて担っていくことになるからである。もちろん、地域統合は一
律に進むわけではないが、それがかえって個々の地域の統合発展段階に
応じたグローバリゼーションとの「融合」となり、一国ベースでは飲み
込まれるほかないグローバリゼーションへの適応を段階的に進め得るこ
とが可能となる。

　この「架け橋」は、先のテーマ別の国際協力により世界を跨ぐ「縦」
架け橋と異なり世界経済の内部で構造的に進める内生変化となるが、世
界経済のなかに自動的に組み込まれた変化ではない。政策的に進め得る

もので、その点は「縦」の架け橋におなじであり、また政策的に進める
ものでなければ体制の再建策にもなり得ない。

　「グローバル化と地域融合モデル」の枠組みは以上の通りであるが、
グローバル化は、本質的に経済、社会の広範な一律コンバージェンスを
強いるものであり、地域を問わず社会的に耐え難い状況をもたらす。そ
の対立の枠内では、国際協調によるガバナンス体制の再建や構築は不可
能である。直面するグローバルガバナンスの危機が、本書で見てきたガ
バナンス体制の史的展開に照らしても一段と深刻であるのは、規制や縛
りなどの過去の危機からの脱却の際に採用されてきた画一的な手法では
グローバリゼーションとの衝突の回避や妥協の余地がないほどにグロー
バリゼーションが高次元化してきてしまったことにある。この融合化モ
デルは、その一律コンバージェンスと国民国家の多様性との対立の溝を、
一律的ではなく地域毎の統合化の発展段階に応じた時間軸をもって重層
的に埋め合わせていくことを想定している。このモデル枠組みに沿って
みれば、EUの統合、それ自体が上記のように、グローバル化との現実的
調和への融合過程となる。同時に、その域内での統合の高度化は域内に
おけるグローバル化と域内国家間の自立多様性の調和を探る連立方程式
となり、「融合」への現実解も見出しやすくなろう。

２．21世紀型国際ガバナンスの再建に向けて

　国際ガバナンスの再建には、新しい視座からのアプローチによる再建
策が必須となってきたが、その新しい視座からのアプローチを、クリフ
ト等のハイブリダイゼーションという「融合」の概念を踏まえ、「縦」

と「横」の「架け橋」の視点から考察を進めてきた。崩壊の危機に立つ国際ガバナンスを、国際協調をベースに再建していくには、そこで明らかになったように、グローバリゼーションと国民国家主権の対立の溝を埋めるこれら柔軟な手立てを組み込んだ体制を構築していく必要があろう。19世紀型の国際ガバナンス体制、その再建としての20世紀型の体制は、内の「国民経済・国家主権」と外の「国際経済」との二律背反のギャップを「黄金の拘束服」や「規制」によってバランスをとり埋め合わせてきた。しかし、「国際経済」が高度に統合化したなかでの21世紀型のガバナンス体制には、19世紀や20世紀型の文脈でそのギャップを埋めていくことは不可能になった。世界経済の自立的なグローバル一体化はもはや止め得ない流れと認めたうえで、グローバル化が伴う弊害、特に国際社会の分断と対立から国際協調へと転化し得る仕組みの導入が求められる。その仕組みが上記で論じてきた「架け橋」である。そこに示した２つの側面からの架け橋を骨組みとしてガバナンス体制を、20世紀型までのロドリック・モデルで要約される「国際経済への制約と妥協」の発想から離れて再編・構築していくならば、国際協調の余地を広げ、ガバナンス体制自体とフラットなグローバル経済統合へと自立的にかつ止めえない流れとして進む国際経済との融合（ハイブリッド化）も可能となり、ガバナンスを復活させていくことができよう。それを21世紀型の国際ガバナンス再建に向けた試案モデルとして具体的に示すなら、図19（次頁）のように提示されよう。

　すなわち、地球規模の課題へのテーマ別協調の組織化と取り組みという世界経済を跨ぐ「縦」の架け橋をもち、かつ地域共同化の推進と発展段階に応じて世界経済の内部で進むグローバル・フラット化との融合を進め得る「横」の架け橋による融合機能を併せもったガバナンス・モデルである。

図19　複合グローバル融合モデル（Composite Global Hybrid, CGH model）

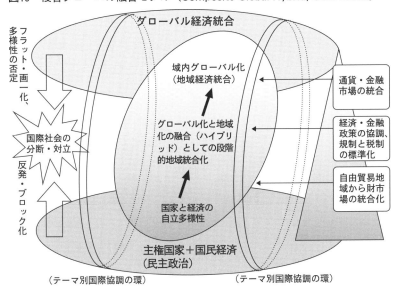

出所：筆者作成。

　この2側面からの融合モデルを、「複合グローバル融合モデル」と仮
称すれば、その特徴として、世界経済とそれに伴う国際社会の構造変化
を柔軟に取り込んで国際協調体制を維持、促進していけることにあろう。
何故なら、たとえば、「縦」の架け橋機能は、その対象が気候変動やエネ
ルギー問題などでの国際協調となるが、それは市場のメイン・プレーヤ
ーとしての世界の経営者も最も高い関心を示す課題であり、市場や経済
の発展にとっても協調的取り組みを支持、渇望する事柄であるからであ
る。「横」の架け橋としての「地域共同体化」は体制的に地域協力を高
度化していくことにあり、それ自体が参加国にとっても推進のインセン
ティブが高いからである。またこのガバナンス再建との文脈でグローバ
ル化との衝突の緩和や国際協調の増幅効果が参加国間や国際的にあらた
めて認識されるようになれば、統合の意義とインセンティブが高まって

いくことも期待できる。

　たとえば、英国のブリグジット問題と絡んで、EU参加の意義が問題の焦点の一つとして広く論じられた。この種の問題は、EUの統合理念の共有か、経済的利益かの範疇で従来からも論じられてきたが、地域統合が、経済利益や防衛協力等のみならず経済安全保障や国際政治上での地位の向上にも関係しているとの認識が出てくれば、論議も参加のインセンティブも変化してくることは十分予想されよう。国際ガバナンス体制は、それが機能している限りにおいて、その基盤枠組みはあまり意識されないという点で「空気」に似た存在かもしれない。その枠組みが崩れてきて適切な方向へ立て直しが進まなければ、世界経済と国際社会は窒息しかねない事態となる。危機の現状に照らして、ここで示したような現実性をもった新たな視点から国際ガバナンス体制の再建に向けた論議を広く進め、体制の整備を急ぎ図っていく必要があろう。

【注】
1 ）United Nations（2015）（国連HP）SDGs関連参照。
2 ）円居（2008）より引用。
3 ）ASEAN.ORG "ASEAN Economic Community 2025 Consolidated Strategic Action Plan" Updated on 14 Aug. 2018 FINAL.
4 ）AECブループリント参照。

終章 結びにかえて―ソフトパワーと地域協調を軸に

　近代国際政治体制の原点となったウェストファリア体制の成立以降からの国際体制とガバナンスの変容を振り返ってみれば、それらはともに、経済の構造変化とその勢力関係の変容に連動して変遷を重ねてきたことがわかる。国際体制や国際ガバナンスとなると、主権国家の政治主体から構成される組織体であり、それらが織り成す行動でもあるため国際間の政治力学構造を映じた変容と捉えられがちであり、実際にもそうした文脈で変遷が捉えられてきた。だがそれだけでは十全ではない。政治の力の源泉は社会の基礎構造を成す経済力に依存する。政治は「価値の分配」を決定する権限であるが、その「価値」を生み出すのがそれぞれの社会の基礎構造を成す経済であるからだ。国際社会とそこに内生する国際ガバナンス体制も同様であり、世界経済の変容に連動して変化していくことになる。

　本書は、この経済と政治の連動性を重視した国際政治経済学の視点から、国際ガバナンスの長期の動態と大転換期における危機の実態と特質の解明を進め、直面する危機の特異性とガバナンス再建への道を探ってきた。すでに見てきたように、国際ガバナンスが崩壊の危機に直面したのは今回が初めてではない。近代国際体制の成立から約100年を経た20世紀初頭の戦間期には、現実に国際ガバナンス体制が崩壊していき第二次大戦という人類史上未曾有の悲劇を生んだ。パックスブリタニカの下

で構築され発展してきた19世紀文明と国際体制が、それを支えた自由放任の古典派経済学の世界の行き詰まりとイギリスの覇権の衰退のなかで国際ガバナンス体制の崩壊を招き、世界大恐慌を受けて市場の奪い合いと自国生存に向けた分断と対立に世界が落ち込んでいった結果の悲劇であった。その悲劇を二度と繰り返さないという欧米の決意の下で、第二次大戦後すぐに国際ガバナンス体制の再建が新たな覇権国米国を盟主として進められて、戦後ブレトンウッズ体制として設定された。その再建から３四半世紀、戦間期のガバナンス体制の崩壊から約１世紀を経て崩壊の危機に至ったのが現下の危機である。深刻なガバナンスの喪失という歴史的危機という点で２つの危機は重なる。ともに体制の成立過程から１世紀前後で崩壊の危機に至っているが、それは偶然ではなかろう。

　コンドラチェフの経済の長期波動説にもみられるように、経済の変動とそれに伴う社会体制の変化は100年単位でみれば技術革新の波及やエネルギー転換などが累積的に進み、社会の基礎構造である経済構造を大きくかえて上部構造の法制を含む既存の社会体制とのギャップを広げ、体制の構造的危機をもたらすことになるからである。それは国家群から構成される国際社会の体制変化においても同じであることは言うまでもない。

　それぞれの発展経路は違っても、この累積的構造変化を根にもつ歴史的危機という点で２つの危機は共通するが、重大な相違もある。それは、前回の危機は経済の国際化の進展に伴う国際化の進行過程で生じたが、今回は、グローバル化の累積的進捗と高度化によるグローバル社会への移行過程で生じていることである。

　「国際化」は基本的に、自国の制度や規範など自国の社会体制の骨格を保持したまま、自国の制度や規範などを国際的に広める、あるいは逆

に外国の規範や制度、ないし国際ルール化した規範などを必要に応じ部分的に取り入れていくことにあるから、「国際化」が「国民国家主権」と完全に対立することはない。2つの領域面の接合の余地がある。それに対して「グローバル化」は、最終的に「国民国家主権」を否定する経済の一律世界統合とそれに沿う社会の変容を世界の国々に迫るものであるから「国民国家主権」とは根本的に対立する。この接合の余地が見出しがたいという点で、今回の危機は、前回の危機よりも深刻度は潜在的に高いということになろう。実際、前回危機においては「黄金の拘束服」という国際金本位制の「接合器（ジョイント）」が経済構造の変化とイギリスの覇権の衰退で機能不全に陥り、国際社会は危機に陥った。ただし、ジョイントの修復や再設定の余地自体が消失したわけではない。

　ガバナンス崩壊の危機から第二次大戦に突入する悲劇の引き金になったのは世界的大恐慌であった。戦後のガバナンス体制は、その反省と教訓に立ち、盟主を入れ替えて接合のジョイントを国際資本規制と国内経済の規制管理の組み合わせに変えたブレトンウッズ体制として再設定し再建を図った。後にロドリックがその不可能命題モデルの枠組みで「ブレトンウッズの妥協」と表した「妥協」がそれに当たる。「国際化」の範疇においては、このように「接合の仕組み」を設ける余地があり、その改変を図ることで危機の現出の回避を図ることが可能であった。しかし、今次の危機のように、国際経済の統合というグローバリゼーションが不可逆的に高度なレベルまで進展し、主権国家と国際経済体制の両領域面を繋ぐジョイントの設定は不可能になってきた。この点で、かつその統合圧力が強ければ強いほど反作用としての分断と対立も加速されるという点で危機の構図は30年代のそれより遥かに深刻な状況にあるといえよう。

もう１つの重要な相違は、国際ガバナンスの行為主体となる国際関係のプレイヤーの構図と関係が戦後から今日までグローバリゼーションと相まって大きく変化していることであろう。主権国家の数と多様性の増大と主権国家間の「相対的力」のみならず「構造的力」をも含めた力学構造の変化および市場プレイヤーに代表される新たなプレイヤーの急速な台頭と国家と市場の力学構造の変化などがそれである。国際ガバナンス体制の再建は喫緊の課題であることは論を待たない状況だが、その再建には、少なくとも上記を含めたこれら２つの特異性を踏まえた検討が不可欠であろう。その新たな視点からの再建論議への道標を兼ねて提示した新たな国際ガバナンスの枠組み試案が前章で示した「複合融合化モデル」である。それは上記の２点の特異性を踏まえ、グローバル平板化に向かう国際経済社会の流れを前提に、それを地球規模の問題への国家を超えたテーマ別国際協調の環で外側から包み込む「縦の架け橋」の仕組み、および主権国家の多様化とグローバリゼーションの流れのなかで広まった地域共同体化という「ミニ・グローバリゼーション」の広まりをそれぞれの地域特性に応じて政策的に進めることを通じて国際経済社会の内からのグローバリゼーションへの融合を図るという「横の架け橋」の仕組み、その２つを内包した、グローバリゼーションに対立しない、むしろそれを柔軟に取り込んで国際ガバナンスの機能の復活を図るという新たな国際ガバナンス体制の枠組み試案であった。これは一つの試案としても、今次ガバナンス喪失危機の状況の特異性を踏えた現実的ガバナンス体制は、試案に示したような機能の支柱を内蔵することが不可欠となろう。グローバリゼーションの進行を止めることは非現実的であり、それとの対立の構図では主権国家との並立のギャップは拡大する一方となって、国際ガバナンスの再建どころか対立と分断が進行していくだけになるからである。

　現況は、グローバリゼーションの進行に伴う格差と分断、対立が世界
的に広まり、それへの反発感情を自らの政治基盤の強化に利用するポ
ピュリズム政治の横行とも相まって、国際協調の基盤修復への展望は見え
難い。しかし、国連のSDGsに代表される地球規模の問題、課題への国
際的取り組みグループの組成と活動の拡大、先にいう地球を跨ぐ「縦の
架け橋」としてのテーマ別国際協調の環などが着実に広まっている。グ
ローバリゼーションの流れのなかで地域共同体化への流れも、それが
「横の架け橋」としての意義が意識されているか否かにかかわらず着実
に進行している。このような変化は、新たな国際協調ガバナンス再建へ
の重要な支柱となっていくことが期待されるとともに、ガバナンスの主
体となる主権国家のプレイヤーの力学関係や国際関係の力学構図にも影
響を及ぼしていくことになろう。「縦の架け橋」の環とグループ組成が
広まれば、そこではいわゆる「軍事力」などの「ハードパワー」よりも、
課題を取りまとめビジョンを示して先導していける力量や外交力や経済
開発や医療支援などの経験とノウハウなどを含めた「ソフトパワー」が
重要性を高めてこよう。

　また、地域共同体化の動きは、かつての単純な国際政治の構図として
の覇権国と衛星国を骨子とした構図を変え、覇権国も足元の地域連携を
強めその拡大を図ることで相対的力の補完を図る戦略をとっていくこと
になろう。その過程では、地域内の連携、協力の基盤が広まるとともに
他の参加国の国際政治力も高まっていこう。一般的には、国際政治体制
の多極化は不安定を助長すると捉えられるが、地域共同体化の広がりと
さらには地域共同体間での連携が進むなら、それらが国際関係のサブ中
核体となって国際体制の安定化を促していくことも期待される。こうし
た展開に鑑みれば、現在は、危機の構図は深刻だが、国際ガバナンスの
再建と危機の現出回避への道は十分残されている。危機の特質を踏まえ

て広く論議を進め、21世紀の現在に適合する国際協調ガバナンスの再建を急ぎ図っていく必要があろう。

　人間の行動原理としての"feeling""willing""thinking"の3つが同時に必要である[2)]。すなわち、問題への「意識」とそれに取り組む「意志」、そして道標となる「思索」の3つが伴わなければ事は成就しない。今の危機への取り組みになぞらえるなら、危機は回避すべきとの問題意識の共有とそれを行動に移すという意思が広く形成共有されてきても、それを先導する「思索」（guiding thought）がなければ適切な国際ガバナンスの再建は実現しないということになろう。結論的に示した新たな国際協調ガバナンス体制への試案が論議から再建に向かう際の一つの道標、"guiding thought"となることを願って、そして国際ガバナンス体制の再建が少しでも早く実現していくことに希望と期待をこめて、本書を結ぶこととしたい。

【注】

1）景気循環の「長期波動説」、経済の周期変動に関する代表的な説には、短期から長期まで4つがあるが、そのうち技術革新の長期波動をベースに最長の景気循環を唱えたのが、旧ソヴィエト連邦の経済学者、Kndratief.N.D.が提唱した「コンドラチェフの波」。50年周期の長期変動を明らかにしている。出所：Tylecote, A. (2019).

2）Huxley, A. (1977) *WHAT ARE YOU DOING TO DO ABOUT IT?*, エッセイ冒頭でハクスリーは、"Feeling, willing, thinking? these are the three modes of ordinary human activity. To be complete, life must be lived simultaneously on all three planes". として、建設的平和主義の実践に向けた取り組みの在り方を説き、ダーウィンの「生存競争」などを引用して平和主義は理想に過ぎないとする諸言説を論破して平和主義実現への道標となる思索を提示している。

【参考文献】

アダム・スミス［大河内一男監訳］『国富論』（1）（2）（3）中公文庫、1978年

岩田一政・小野寺彰・山影進・山本吉宣編『国際関係論入門』東京大学出版会、
1996年

円居総一「EMSの為替相場メカニズム」、『東京銀行月報』1981年8月号、1981
年

円居総一『金融自由化入門』日本経済新聞社、1993年

円居総一「産業と経営」川辺信雄・原輝史編『アメリカの経済』（第3章）早稲
田大学出版部、1994年

円居総一「アジア危機の本質と国際資本移動の政策課題」、『国際関係研究』総合
編第19巻3号、日本大学国際関係学部、国際関係研究所、平成11年3月20日、
1999年

円居総一「毎日新聞社エコノミスト」毎日新聞、2002/1/22

円居総一「世界経済の構造変化と広域共同体の形成―EU統合への内的発展と世
界経済の構造変化の中での今後の発展、そのアジア共同体化への政策示唆―」、
『国際関係研究』平成20年第28巻4号、日本大学国際関係学部国際関係研究所、
2008年

円居総一「資本主義の存続論議と経済の長期波動」、『国際関係研究』第37集平成
28年2月28日、日本大学国際関係学部研究年報、2016年

遠藤乾［編］『【原典】ヨーロッパ統合史―資料と解説』名古屋大学出版会、2008
年

『G20カンヌ・サミット最終宣言"我々の共通の将来の建設：すべての人々の利
益のための改訂された集合的行動』平成23年11月4日

外務省『日EU戦略的パートナーシップ協定（SPA）』外務省欧州局、平成30年
7月

外務省『日・EU経済連携協定』資料、外務省、平成31年2月

河合俊三『戦後の国際通貨体制』国際問題新書、1977年

川嶋周一『独仏関係と戦後ヨーロッパ国際秩序―ドゴール外交とヨーロッパの構
築 1958－1969』創文社、2008年

川戸秀昭・円居総一・小林通［共著］『国際政治経済学新論―新しい国際関係の
理論と実践―』時潮社、2013年

環境省地域温暖化対策課『参考資料】気候関連財務情報開示タクスフォース

（TCFD）の概要』資料　2020年7月

国宗浩三編『アジア通貨危機―その原因と対応の問題点』アジア経済研究所研究
　　双書、IDE-JETRO、2000年

経済産業省『通商白書―2019年度版』令和元年7月16日、経済産業省通商政策局、
　　2019年

国連『2019年持続可能な開発資金報告書』2019年4月リリース、2019年

国連広報局「我々の世界を変革する：持続可能な開発のための2030アジェンダ」
　　資料

サイモン・ジョンソン・ジェームズ・クワック（村井章子［訳]）『国家対巨大銀
　　行―金融の肥大化による新たな危機』ダイヤモンド社、2011年

ジェトロ　ビジネス短信「トランプ米政権の関心はUSMCA批准手続きへ」2019
　　年6月10日

島野卓爾『欧州通貨統合の経済分析』有斐閣、1996年

ジャック・アタリ（林昌弘［訳]）『国家債務危機』作品社、2011年

シュンペングラー（村松正俊〔訳]）『西洋の没落　Ⅰ・Ⅱ』中公クラシックス、
　　2017年

庄司克宏『欧州連合〜統治の論理とゆくえ〜』岩波新書、2007年

庄司克宏『欧州ポピュリズム――EU分断は避けられるか』ちくま新書、2018年

庄司克宏『ブレグジット・パラドクス：欧州統合のゆくえ』岩波書店、2019年

須網隆夫＋21世紀政策研究所［編]『英国のEU離脱とEUの未来』日本評論社、
　　2018年

滝沢健三『国際金融機構』銀行研究社、1975年

滝沢健三『国際金融　通説への批判』東洋経済新報社、1984年

滝田洋一『世界経済の「まさか」と日本』日本経済新聞、2016年10月18日

田中素香『EC統合の新展開と欧州再編成』岩波新書、1991年

田中素香『ユーロ―危機の中の統一通貨』岩波新書、2010年

田中素香『ユーロ危機とギリシャ反乱』岩波新書、2016年

田中素香「EUの今後と国際秩序〜EU・中国関係を中心に」『経団連タイムズ』
　　2019年8月1日No.3418

東京銀行「ヨーロッパにおける通貨協力の歴史的考察（上）―通貨同盟方式とク
　　リアリング方式の対立と交錯―」、『東京銀行月報』1979年2月号、1979年

東京銀行「ヨーロッパにおける通貨協力の歴史的考察（下）―通貨同盟方式とク
　　リアリング方式の対立と交錯―」、『東京銀行月報』1979年3月号、1979年

根本忠宣『基軸通貨の政治経済学』学文社、2003年

【参考文献】

日本国際問題研究所（2019）『反グローバリズム再考：国際経済秩序を揺るがす
　危機要員の研究「世界経済研究会」報告書』平成30年度外務省外交・安全保障
　調査研究事業、平成31年3月

野口建彦『カール・ポラニー――市場自由主義の根源的批判者』、2011年

バーゼル銀行監督委員会による市中協議文書（「カウンターシクリカルな資本バ
　ッファーに関する提案」）に対するコメント（仮訳）

花井等［編］『名著に学ぶ国際関係論』、有斐閣、1999年

ピーターB.ケネン「変動為替相場の再検討」、『東京銀行月報』1979年3月号、
　1979年

細谷千博［監］滝田賢治・大芝亮［編］『国際政治経済―「グローバル・イシュー」
　の解説と資料』有信堂、2008年

水野和夫『閉じてゆく帝国と逆説の21世紀経済』集英社新書、2014年

水野和夫"「歴史の危機」における新しいシステム構築のヒント"『福音と社会』
　第54巻4・5号、東京、カトリック社会問題研究所、2015年10月31日、pp.16-
　33.

みずほ証券バーゼルⅢ研究会［編］『詳細バーゼルⅢによる新国際金融規制』中央
　経済社、2012年

みずほ総合研究所「アジアビジネスに関するアンケート調査」2012〜2017年度

ミルトン・フリードマン（村井章子［訳]）（1962）『資本主義と自由』日経BPク
　ラシックス、2008年

本山美彦『グローバリズムの衝撃』東洋経済新報社、2001年

森嶋通夫『イギリスと日本』岩波新書、1977年

森嶋通夫『思想としての経済学』岩波新書、1994年

森嶋通夫『なぜ日本は没落するか』岩波現代文庫、1999年

矢口満・山口綾子・佐久間浩司『日本とアジアの金融市場統合―邦銀の進出に伴
　うアジアの金融の深化について―』財務省財務総合政策研究所「フィナンシャ
　ル・レビュー」、平成三十年第一号（通巻第133号）2018年3月

山田高敬・大矢根聡［編］『グローバル社会の国際関係論』有斐閣、2006年

ロイター（ワールド）「英金融機関、合意なき離脱に向けた準備再開＝EY」2019
　年6月26日

ロナルド・ドーア『金融が乗っ取る世界経済』中公新書、2011年

Akerlof, G.A.（1970）"The Market for Lemons: Quality, Uncertainty, and
　the Market Mechanism", Quarterly Journal of Economics, Aug.1970.

Aronson, J.D.（1978）Money and Power, London: Sage publications.

Article 38 of the treaty establishing the European Defense Community, 27th May 1952, European Parliament, Selection of Texts Concerning Institutional Matters of the Community from 1950 to 1982 (Luxembourg, n.d.), p.53.

ASEAN.ORG (2018) "ASEAN Economic Community 2025 Consolidated Strategic Action Plan"Endorsed by the AEM and AEC Council on 6 Feb. 2017, Updated on 14 Aug. 2018 FINAL.

Bank of England (2009) Financial Stability Report, No.26, December 2009.

Baylis, J., Smith, S. & Owens, P. (2008) (eds.) The Globalization of World Politics: An Introduction to International Relations, Oxford: Oxford University Press, Fourth Edition.

Balassa, B. (1961) The Theory of Economic Integration: An Introduction reprinted ver., Greenwood Press. (中島正信 [訳]『経済統合の理論』ダイヤモンド社、1963年)

Batt, J. (2004) "Falling States and the EU's Security Agenda", EU Institute for Security Studies, 8th November, Paris.

Bauer, T. (2007) "The Security dimension of the transatlantic relations after EU-enlargement", C.A.P Working Paper, July 2007.

BBC "オーストリア大統領選、極右候補が僅差で敗退"、BBC NEWS JAPAN, 2016-5-24. https://www.bbc.com/japanese/36366075, [viewed 22/12/2019].

BBC (2016) "David Cameron: Brexit is a risk we can avoid", BBC NEWS, 12th Jun 2016.

BBC (2017) "5つの影響 米パリ協定離脱"、マット・マグラス環境担当編集委員、NEWS JAPAN, 2017年6月2日

BBC ON THIS DAY (3) "1989: Malta summit ends Cold War", [viewed 22/08/2019].

Bell, G. (1973) The Euro-dollar Market and the International Financial System, London: Macmillan.

Bergsten, C. F. (1999) "America and Europe: Clash of the Titans ？", Foreign Affairs, Vol.78, No.2, pp.20-34.

Bernanke, B. (2000) "Essays on the Great Depression", New Jersey: Princeton University Press. (栗原潤・中村亨・三宅敦史訳『大恐慌論』日本経済新聞出版社、2013年)

BIS (2006) "Core Principles For Effective Banking Supervision", Basel Committee on Banking Supervision, October 2006.

BIS 82nd Annual Report, 2012.

Bank of International Settlements (BIS), from http://www.bis.org/［viewed on 30/07/2010］.

BIS (2009) 79th Annual Report, Bank of International Settlements, Basel, 29th June 2009.

BIS Working Paper (2010) "Financial intermediation and the post-crisis financial system", Monetary and Economic Department, No.304, March 2010.

BIS Working Paper (2010) "Perspectives on inflation targeting, financial stability and the global crisis", Monetary and Economic Department, No.51, March 2010.

Black, F. & Scholes, M. (1973) in an article entitled "The Pricing of Options and Corporate Liabilities", Journal of Political Economy, Vol.81, No.3, May-Jun. 1973.

Bloomberg (2012) "トロイカ体制、ユーロ圏めぐる決定遅らせる一因に"—IMF, Sandrine Rastello, 2012年9月18日

Blyth, M. (ed) (2009) The Handbook of International Political Economy: IPE as a Global Conversation, London: Routledge Press.

Borrell, J. (2020) "The only way out of the crisis together is by investing in a 'Europe United' approach", EEAS, 25th May 2020, ［viewed 30/05/2020］

Boughton, J.M. & Lateef, K.S. (ed.) (1995) Fifty Years After Bretton Woods: The Future of the IMF and the World Bank, Washington D.C.: IMF World Bank.

Boyer, R. (2011) Finance et Globalization: La Crise de l'absolutisme du march?, (山田鋭夫、坂口明義、原田裕治［監訳］『金融資本主義の崩壊—市場絶対主義を超えて』藤原書店)

Bretherton, C. & Vogler, J. (2006) The European Union as a Global Actor, London: Routledge, Second Edition.

Bretton Woods Commission (1994) "Bretton Woods: Looking to the Future": Commission Report Staff Review Background Papers, Washington D.C.: Bretton Woods Commission, July.

Britton, A. & Mayes, D. (1992) Achieving Monetary Union in Europe, London: SAGE Publications Ltd.

Burchill, S. et al. (2009) Theories of International Relations, Basingstoke: Palgrave Macmillan, Fourth Edition.

Calleo and Strange, S. (1986) 'Money and World Politics', Paths to International Political Economy, London: Allen & Unwin, Chapter6.

Cargill, T.F. & Garcia, G.G. (1985) Financial Reform in the 1980s, Hoover Institution Press.

Carr E.H. (1946) The Twenty Years' Crisis, 1919-1939, London: Macmillan.

Cecco, M. (1987) Changing money: financial innovation in developed countries/edited by Marcello de Cecco, Oxford: Basil Blackwell in co-operation with the European University Institute, Florence.

Churchill, W. (1951) "House of Commons Debates", Hansard, Vol. 494, Cols 2594-6.

Chryssochoou D.N. (2008) Theorizing European Integration 2nd Edition, Routledge.

Clift. B (2004) Comparative Political Economy: States, Markets and Global Capitalism, London: Red Globe Press.

Clift. B (2004) "Debating the Restructuring of French Capitalism and Anglo-Saxon Institutional Investors: Trojan Horses or Sleeping Partners？", 15 December 2004.

Clift. B (2007) "French Corporate Governance in the New Global Economy: Mechanisms of change and Hybridisation in Models of Capitalism", University of Warwick institutional repository.

Clift. B & Tomlinson, J. (2008) "Negotiating Credibility: Britain and the International Monetary Fund", Contemporary European History, Vol.17-4, pp.545-566, Cambridge University Press.

Cohen, B.J. (1977) Organizing the World's Money, New York: Basic Books.

Congress Report (1979) 'Hearings before the Sub-committee on International Trade', Investment and Monetary policy of the Committee on Banking, Finance and Urban Affairs, House of Representatives 90th Congress, First Session.

Cooper, R. (2003) The Breaking of Nations: Order and Chaos in the Twenty-first Century, London: Atlantic Books.

Crouch, C. (2005) Capitalist Diversity and Change: Recombinant Governance and Institutional Entrepreneurs, New York: Oxford University Press.

Crouch, C. (2009) Privateered Keynesianism An Unacknowledged policy Regime, British Journal of International Relations, Vol.11 pp.382-399, 2009.

Dale, R. (1985) The Regulation of International Banking, Cambridge: Wood-head-Falkner.

Deadman, M.J. (2010) The Origins and Development of The European Union 1945-2008: A History of European Integration, second edition, New York: Routledge.

Diebold, W. Jr. (1960) "The Changed Economic Position of Western Europe: Some Implications for United States Policy and International Organization", International Organization, Vol.14, No.1, Winter, pp.1-19.

Documents on British Foreign Policy, Series 2, Vol.1, doc.189.

EAST ASIA MIRACLE: Economic Growth and Public policy, A World Bank Research Report, (1993), Oxford University Press.

Economic Report of the President (1975) Transmitted to Congress February 1975, Washington: United States Government Printing Office.

Eco Watch (2019) "World's Largest Bank Ditches Oil and Coal in Victory for the Clomate Movement", 15ht Nov 2019.

Einzg, P. (1967) The Euro Dollar System, New York: Macmillan, Third edition.

Europa (2009) EU-US Relations: US President Barack Obama with European Commission President Jos？ Manuel Barroso at the April 5, 2009 Informal EU-US Summit in Prague, from http://www.eurunion.org/eu/ [viewed 15/04/2010]

Europa (2007), Treaty of Lisbon: Taking Europe into the 21st century, 1st January 2007, from http://europa.eu/ [viewed 12/03/2010]

European Central Bank (2012) Verbatim of the remarks made by Mario Draghi, Speech by Mario Draghi, President of the European Central Bank at the Global Investment Conference in London, 26th July 2012.

European Commission (2016) "A proposal for a new European Consensus on Development", Strasbourg, 22nd Nov 2016.

European Commission (2016) "EU's implementation of the Sustainable Development Goals (SDGs)", Nov 2016.

European Commission (2016) "Sustainable Development: EU sets out its priorites", Nov 2016.

European Commission (2019) "EU trade agreements: delivering new opportunities in times of global economic uncertainties" Brussels, 14th Oct 2019.

European Commission (2019) "European Union presents its progress towards sustainable development" Press Release, 18 July 2019, Brussels.

European Environment Agency (2018) Increase in EU greenhouse gas emissions hamper progress towards 2030 targets, 26th Oct 2018.

(Sustainable Japan (2018)「【EU】加盟国の2017年CO₂排出量は前年比0.6％増。2030年40％削減目標には一層の取り組みと警鐘」、2018年10月31日)

European Parliament (2020) "Border controls in Schegen due to coronavirus: what can the EU do？" 19th May 2020.

Eichengreen, B. (1996) "Hegemonic Stability", Centre for International and Development Economics Research UC Berkeley, 12 September.

Eichengreen, B. (2008) "Not a New Bretton Woods but a New Bretton Woods Process", In: Eichengreen, B. (eds.) "What G20 Leaders Must Do to Stabilize Our Economy and Fix the Financial System". 〈VoxEU.org〉 Federal Reserve Bulletin.

Fisher, I. (1932) "The Debt-Deflation Theory of Great Depression", Econometrica.

(アーウィング・フィッシャー「大恐慌の負債デフレーション理論」1933年)

Financial Crisis Inquiry Commission (2010) 'Credit Ratings and the Financial Crisis', FCIC Preliminary Staff Report, June 2nd 2010.

Financial Crisis Inquiry Commission (2010) 'Government Sponsored Enterprises and the Financial Crisis', FCIC Preliminary Staff Report, April 7th 2010.

Financial Crisis Inquiry Commission (2010) 'Securitization and the Mortgage Crisis', FCIC Preliminary Staff Report, April 7th 2010.

Financial Crisis Inquiry Commission (2010) 'Shadow Banking and the Financial Crisis', FCIC Preliminary Staff Report, May 4th 2010.

Financial Crisis Inquiry Commission (2010) 'Testimony of Alan Greenspan', FCIC Preliminary Staff Report, April 7th 2010.

Financial Crisis Inquiry Commission (2010) 'The Community Reinvestment Act and the Mortgage Crisis', FCIC Preliminary Staff Report, April 7th

2010.

Financial Crisis Inquiry Commission (2010) 'The Mortgage Crisis', FCIC reliminary Staff Report, April 7th 2010.

Financial Crisis Inquiry Commission (2010) 'The Role of the Federal Reserve in Banking Supervision and Regulation', FCIC Preliminary Staff Report, April 7th 2010.

Financial Times (2008) Martin Wolf, 'The Rescue of Bear Stearns Marks Liberalisation's Limit', Financial Times, 26th March 2008.

Financial Times (2009) Gideon Rachman, 'Kissinger never wanted to dial Europe', 23rd July 2009.

G20 (2010) Progress Report on the Economic and Financial Actions of the London, Washington and Pittsburgh G20 Summit, Prepared by Korea, Chair of the G20s, 20th July 2010.

Friedman, M. & Schwartz, A.J. (1963) A Monetary History of the United States, 1867-1960, New Jersey: Princeton university Press.

Friedman, T.L. (2005) "The World Is Flat: A Brief History of the Twenty-first Century"---------

Friedman, T.L. (2000) "The Lexus and the Olive Tree", New York: Anchor Books.

Fukuyama, F. (1989) The End of History？, The National Interest, No.16, (Summer 1989), pp. 3-18.

Galbraith, J.K. (1973) 'Power and the Useful Economist', The American Economic Review, Vol.63, No.1, pp.1-11.

Galbraith, J.K. (1975) Money-Where it came, where it went, London: Penguin Books.

Gardner, R.N. (1969) Sterling-Dollar Diplomacy, London: McGrawHill.

Gilpin, R. (1971) 'The Politics of Transnational Economic Relations', International Organization, Vol.25, Issue.3, pp.398-419.

Gilpin, R. (1987) The Political Economy of International Relations, Princeton: Princeton University Press.

Ginsberg, R. (2001) The European Union In International Politics: Baptism by fire, Oxford: Rowman & Littlefield Publishers, Inc.

Grauwe, P.D. (2009) Economics of Monetary Union, 8th edition, London: Oxford University Press.

（田中素香・山口昌樹［訳］『通貨同盟の経済学―ユーロの理論と現状分析』勁草書房、2011年）

Griffith-Jones, S., Ocampo, J.A. & Stiglitz, J.E. (eds.) (2010) Time for a Visible Hand: Lessons from the 2008 World Financial Crisis, Oxford: Oxford University Press.

Grippa, P. & Schmittmann, J. & Suntheim, F. (2019) "Climate Change and Financial Risk: Central banks and financial regulators are starting to factor in climate change" Finance & Development, Dec 2019, Vol.56, No.4.

Guay, T. R. (1999) The United States and the European Union: The Political Economy of a Relationship, Sheffield: Sheffield Academic Press Ltd.

Hall, P.A. & Soskice, D. (2001) Varieties of Capitalism, New York: Oxford University Press.

Hamilton (1986) The Financial Revolution: The Big Bang Worldwide, London: Penguin Book.

Harvey, D. (2010) The Enigma of Capital: And the Crises of Capitalism (English Edition), London: Profile Books Ltd.

（森田成也・大屋定晴・中村好孝・新井田智幸［訳］『資本の〈謎〉―世界金融恐慌と21世紀資本主義』作品社、2012年）

Harvey, D. (2014) Seventeen Contradictions and the End of Capitalism (English Edition), London: Profile Books Ltd.

（大屋定晴・中村好孝・新井田智幸・色摩泰匡［訳］『資本主義の終焉―資本の17の矛盾とグローバル経済の未来』作品社、2017年）

Heilbroner、R.L. (1992) The Making of Economic Society (revised edition), New Jersey; Prentice Hall.

Helleiner, E. (1994) States and the Reemergence of Global Financial: From Bretton Woods in the 1990s, London: Cornell University Press.

Hill, C. & Smith, M. (2005) International Relations and the European Union, Oxford: Oxford University Press.

Hoekman, B.S. (2019) "Perspextives on the soft power of EU trade policy: A new eBook" CEPR Policy Portal, 31st Jul 2019.

Hoffmann, S. (1966) 'Obstinate or Obsolete？ The Fate of the Nation-State and the Case of Western Europe' reprinted ver., Daedalus, Vol.95, No.3, pp.862-915.

Hollist & Tullis, (1985) International Political Economy Yearbook, London:

Frances Pinter.

Howorth, J. (2001) European "Defence and the Changing Politics of the European Union: Hanging Together or Hanging Separately", Journal of Common Market Studies, Vol.39, No.4, pp.765-789.

Howorth, J. (2000) "Britain, France and the European Defense Initiative, Survival", Vol.42, No.2, pp.33-55.

Hunt, E.K. (2002) History of Economic Thought, second ed.

Huxley, A.L., (1958) Brave New World Revisited, New York: Harper Collins.

Huxley. A. (1977) WHAT ARE YOU DOING TO DO ABOUT IT？, The case for constructive peace, Folcroft Library Ed.1977. Originally Published 1936. Essay.

（北川悌二［訳］『平和主義者の道―対訳』南雲堂＝英和対訳学生文庫、1962年）

ILO

"Working on a warmer planet-The impact of heat stress on Labour productivity and decent work", 2019, International Labour Office Geneva.

IMF『IMF年次報告書』2019年度

IMF "International Financial Statistics", 1990, IMF.

IMF "International Financial Statistics", 1991, IMF.

IMF "International Financial Statistics", 1992, IMF.

IMF "International Financial Statistics", 1993, IMF.

IMF "International Financial Statistics", 1994, IMF.

IMF "International Financial Statistics", 1995, IMF.

IMF "International Financial Statistics", 1996, IMF.

IMF "International Financial Statistics", 1997, IMF.

IMF World Economic Outlook-1997 April 1997, IMF.

IMF World Economic Outlook-2003 April 2003, IMF.

IMF World Economic Outlook-2007 April 2007, IMF.

IMF World Economic Outlook-2017 April 2017, IMF.

IMF World Economic Outlook-2018 April 2018, IMF.

IMF World Economic Outlook-2019 April 2019, IMF.

IMF World Economic Outlook-2020 April 2020, IMF.

IMF "Global Financial Stability Report-2018" IMF.

IMF "Global Financial Stability Report-2019" IMF.

IMF "Global Financial Stability Report-2020" IMF.

IMF (2001) International Financial Statistics Yearbook 2001, from http://www.imf.org/external/index.htm [viewed on 15/04/2010].

Joint Committee Print (1979) "The European Monetary System: Problems and Prospects", 96th Congress 1st Session, Washington: US Government Printing Office.

Jones, E. & Verdun, A. ed. (2005) The Political Economy of European Integration: Theory and Analysis, New York: Routledge.

Judis, J.B. (2016) "The Populist Explosion: How the Great Recession Transformed American and European Politics", New York: Columbia Global Reports.

Kaldor, N. (1975) 'What's Wrong with the Economy', The Quarterly Journal of Economics, Vol.89, No.3, pp.347-357.

Kawai, M. (2015) "From the Chiag Mai Initiative to an Asian Monetary Fund", ADBI Working Paper Series, No.527, May 2015, Asian Development Bank Institute.

Kennedy, P. (1987) The Rise and Fall of the Great Powers, New York: Random House, Inc.
（鈴木主税［訳］『大国の興亡―1500年から2000年までの経済の変遷と軍事闘争』上・下、草思社、1988年）

Keohane, R.O. (1984) After Hegemony, Cambridge: Harvard University.

Keohane, R.O. (1988) "International Institutions: Two Approaches", International Quarterly Studies, pp.379-396.

Keohane, R.O. & Nye, J. (2000) Power and Interdependence 3rd ed., Pearson Higher Education, Boston, Mass.

Keohane.R.O. (2002) "Ironies of Sovereignty: The European union and the United States", JCMS 2002 Vol.40. No.4. pp.743-65.

Kenen, P. (1994) "Managing the World Economy: Fifty Years After Bretton Woods", Washington: Institute for International Economics.

Keynes, J.M. (1936/2007) The general theory of employment, interest, and money, Basingstoke: Palgrave Macmillan for the Royal Economic Society.

Kindleberger C.P. (1970) Power and Money: The Economics of International Politics and Politics of International Economics, New York: Basic Books.

Kindleberger, C.P. (1973) The World in Depression: 1929-1939, London: Allen Lane.

Kindleberger, C.P. (1978) Economic Response: Comparative Studies in Trade, Finance and Growth, Harvard University Press.

Kindleberger, C.P. (2010) "The Rise of Free Trade in Western Europe, 1820-1875" Volume 35, Issue 1, March 1975, pp.20-55, Published online by Cambridge University Press: 11 May 2010.

Kirschner, E. (2019) EU-Japan trade deal comes into force to create world's biggest trade zone, 31st January 2019, The Conversation.

Kissinger, H. (1994) Diplomacy, New York: Simon & Schuster, Inc.

Krugman, P.R. (2008) The Return of Depression Economics: and the crisis of 2008, London: Penguin Books.

Krugman, P.R. & Miller ed. (1992) Exchange Rates Targets and Currency bands, Center for Economic Research and NEBR, Cambridge University Press.

Krugman, P.R. (1994) "the Myth of Asia's Miracle", Foreign Affairs, Nov/Dec, pp.62-78.

Kuttner, R. (1991) The End of Lassez-Faire: National Purpose and the Global Economy after the Cold War, New York: John Brookman Associates Inc.

（佐藤隆光［訳］『新ケインズ主義の時代—国際経済システムの再構築』日本経済新聞社、1993年）

Kuttner, R. (2018) Can Democracy Survive Global Capitalism？ New York: W.W.Norton.

Lang, A.T.F. (2006) "Reconstructing Embedded Liberalism: John Gerard Ruggie and Constructivist Approaches to the Study of the International trade regime", Journal of International Economic Law, Vol.9, No.1, pp. 81-116.

Laffin, B.ed. (2018) Europe's Union in Crisis: Tested and Contested, London: Routledge.

Laffin, B. (2017) "Forging a Union for the 21st Century: From Crisis to Opportunity, 38th Annual Conference EUSA-Japan", Fukuoka, 18th November 2017.

Lewis, A.W. (1978) The Evolution for the International Economic Order, New Jersey: Princeton University Press.

List, F. (2011) National System of Political Economy: The History, Three

Volumes in One, New York: Cosimo Classics Economics.

Marazzi, C. (2011) The Violence of Capitalism, (Translated by Lebedeva, K. & Gimsey), J.F., Los Angeles: Semiotext (e).

Marglin & Schor, (1990) The Golden Age of Capitalism, New York: Oxford University Press.

Markowitz, Harry M. (1952), "Portfolio Selection", The Journal of Finance, Vol.7, No.1, Mar. 1952, pp.77-91.

McCormick, J. (2007) The European Superpower, New York: Palgrave Macmillan.

McKinsey & Company (2008) Mapping Global Capital Markets: Fourth Annual Report, McKinsey & Company, January 2008.

McKinsey Global Institute (2008) Mapping Global Capital Markets: Fifth Annual Report, McKinsey & Company, October 2008.

Mougenthau H.J. (1948) Politics among Nations: The Struggle for Power and Peace-7th ed.: Quebecor World Fairfield Inc.

Myers, M.G. (1970) A Financial History of the United States, New York: Columbia University Press.

NHK NEWS WEB (2020) ビジネス特集「求められるのは"レジリエンス"ウィズコロナの世界経済は」2020年6月5日［参照日：2020.7.10］

Nye, J. & Keohane, R. (1971) "Transnational Relations and World Politics", International Organization, Vol.25, No.3, pp.329-349.

Nye, J.S. (2004) Soft Power: The Means To Success In World Politics, New York: Public Affairs.

Lord Ismay, NATO, from https://www.nato.int/cps/en/natohq/declassified_137930.htm ［viewed 15/07/2018］

O'Brien, R. & Williams, M. (2007) Global Political Economy: Evolution and Dynamics 2nd ed., Basingstoke: Palgrave Macmillan.

OECD, The 'Marshall Plan' speech at Harvard University, 5 June 1947, from https://www.oecd.org/general/themarshallplanspeechatharvarduniversity5june1947.htm#:~:text=The%20%22Marshall%20Plan%22%20speech%20at%20Harvard%20University%2C%205%20June%201947, -George%20C.&text=Below%20is%20text%20from%20the,known%20as%20the%20Marshall%20Plan. ［viewed 10/02/2012］ OECD, Data

'On This Day 1950-2005, 1989: Malta summit ends Cold War' 〈http://news.

bbc.co.uk/onthisday/hi/dates/stories/december/3/newsid_4119000/4119950. stm⟩

Pearce, D.W. (1983) Macmillan Dictionary of Modern Economics, London: Palgrave Macmillan.

Perraton, J., et al. (1957) "The Globalization of Economic Activity", New Political Economy, July 1997, vol.2, issue.2, pp.257-77.

Perraton, J., Clift, B. (Eds.) (2004) Where are National Capitalisms Now？, London: Palgrave Macmillan.

Phillips, N. (ed.) (2005) Globalizing International Political Economy, Basing-stoke: Palgrave Macmillan.

Piketty, T. ⟨Piketty.pse.ens.fr/capital21c.⟩ ------------------------------
（ピケティ『21世紀の資本』）

Polanyi, K. (1944) The Great Transformation, Boston: Beacon Press.
（野口建彦、栖原学訳（新訳版）『大転換』東洋経済新報社、2009年）

Politico (2019) "What Boris Johnson's victory means for Brexit",

Pond, E. (1999) Kosovo: Catalyst for Europe, Washington Quarterly, Vol.22, No.4, p.77-92.

Prodi, R. (2000) '2000-2005: Shaping the New Europe', Speech to the European Parliament, Strasbourg, 15 February, Speech/00/41, Europa, from http:// europa.eu/ [viewed 15/01/2010]

Commission of the European Communities (1970) "Report to the Council and the Commission on the realisation by stages of ECONOMIC AND MONETARY UNION in the Community", Werner Report, Supplement to Bulletin 11-1970 of the European Communities, 8th October 1970, Lux-embourg.

Rana, P.B. (2013) "From a Centralized to a Decentralized Global Economic Architecture: An Overview", ADBI Working Paper Series, No.401, Jan 2013, Asian Development Bank Institute.

Ravenhill, J. (2008) Global Political Economy 2nd ed., Oxford: Oxford Uni-versity Press.

Robertson, L. (2001)

Robinson, S. W. (1972) Multinational Banking: A study of certain legal and financial aspects of the postwar operations of the U.S. branch banks in Western Europe, Leiden: Sijthoff.

Rodrik, D. (1997) "Has globalization gone too far？", Washington, D.C.: Institute for International Economics.

Rodrik, D. (2000) "How far will international economic integration go？", Journal of Economic Perspectives, Vol.14, No.1, pp.177.

Rodrik, D. (2007) One Economics, Many Recipes: Globalization, Institutions, and Economic Growth, Princeton: Princeton University Press.

Rodrik, D. (2011) The Globalization Paradox: Why Global Markets, States, and Democracy Can't Coexist, New York: Oxford University Press.
（柴山佳太・大川良文［訳］『グローバリゼーション・パラドックス～世界経済の未来を決める三つの道』白水社、2014年）

Rodrik, D. (2018) A Straight Talk On Trade: Ideas for a Sane World Economy,
（岩本正明訳『貿易戦争の政治経済学―資本主義を再構築する』白水社、2019年）

Rosecrance, R. (1986) The Rise of Trading State: Commerce and Conquest in the Modern World, New York: Basic Books.
（土屋政雄訳『新貿易国家論』中央公論社、1987年）

Rosling, H., Rosling, O., Rosling A.R. Factfulness: Ten Reasons We're Wrong About The World-And Why Things Are Better Than You Think,
（上杉周作・関美和訳『FACTFULNESS（ファクトフルネス）―10の思い込みを乗り越え、データを基に世界を正しく見る習慣』日経BP社、2019年

Rostow W.W. (1978) The World Economy History & Prospect, London: Palgrave Macmillan.

Rostow W.W. (1978) "No Random Walk: A Comment on-Why was England First？", Wiley Online.

Ruggie, J.G. (1982) "International Regimes, Transactions and Change: Embedded Liberalism in the postwar Economic Order", International Organization, Vol.36, No.2, pp.379-415.

Ruggie, J.G. (1992) "Multilateralism: The Anatomy of an Institution", International Organization, Vol.46, No.3, pp.561-598.

Ruggie, J.G. (2004) "Reconstructing the Global Public Domain-Issues, Actors, and Practices", European Journal of International Relations, 10, pp.499-531.

Rutten, M. (2001) From St-Malo to Nice: European defence: core documents, Institute for Security Studies of WEU, Chaillot Paper, Vol.47, May.

Saez, E. (2015) "Striking Richer; The Evolution of Top Incomes in the United

States", June 2015.

Sampson, A. (1981) The Money Lenders: bankers in a Dangerous World, Sevenoaks: Coronet.

Schmitt, H. (1972) The National Boundary in Politics and Economics, in R. Merritt (ed), Communication in International Politics, London: University of Illinois press.

Schooner, H.M. & Taylor, M.W. (2010) Global Bank Regulation: Principles and Polices, London: Elsevier Inc.

Schuman, R. (1950) Schuman Declaration, 9th May 1950, from http://www.eurotreaties.com/schuman.pdf〔viewed 10/02/2010〕

SDG Watch Europe "Who is paying the bill？" July 9, 2019, from SDG TOOLKID.org,〔viewed 15/02/2020〕

Skidelsky, R. (2009) Keynes: The Return of the Master, London: Allen Lane.（山岡洋一訳『なにがケインズを復活させたのか』日本経済新聞社、2010年）

Smelser, N.J. & Swedberg, R. (2005) The Handbook of Economic Sociology (Second Edition),

Smith, H. (2002) European Foreign Policy: What it is and what it does, London: Pluto Press.

Sorkin, A.R. (2009) Too Big To Fail: Inside the Battle to Save Wall Street, London: Allen Lane.

Spero, J. (1985) The Politics of International Economic Relations, London: Allen & Unwin.

（小林陽太郎・首藤信彦訳『国際経済関係論』東洋経済新社、1998年）

Stiglitz, J.E. (1975) "Incentives, Risks, and Information: Notes Towards a Theory of Hierarchy," Bell Journal of Economics, Vol.2, No.6, pp.552-579.

Stiglitz, J.E. & Greenwald, B.C.N. (2003) Towards a New Paradigm in Monetary Economics, Cambridge: Cambridge University Press.

Stiglitz, J.E. (2006) Making Globalization Work, New York: W.W.Norton & Company Inc.

Stiglitz, J.E. (2009) Report of the Commission of Experts of the President of the United Nations General Assembly on Reforms of the International Monetary and Financial System, New York Unitied Nations, 21st Sep 2009.（森史郎〔訳〕『スティグリッツ国連報告』国連総会議長に対する国際通貨金融システム改革についての専門委員会報告—最終版2009/09/21、水山産業出版部、

2009年）

Stiglitz, J.E. (2010) Freefall: Free Markets and the Sinking of the Global Economy, London: Allen Lane.

Stiglitz, J.E. (2010) 'Needed: a new economic paradigm', in Financial Times Colunm, 19th August 2010.

Stiglitz, J.E. (2016) The EURO: And its Threat to the Future of Europe, London: Allen Lane.

（峯村利哉［訳］『ユーロから始まる世界経済の大崩壊　格差と混乱を生み出す通貨システムの破綻とその衝撃』2016年）

Stirk, P.M.R. & Weigall, D. (1999) The Origins and Development of European Integration, London: Pinter.

Strange, S. (1984) Paths to International Political Economy, London: Allen & Unwin

（町田実監訳『国際関係の透視図―国際政治経済学への道』文眞堂、1978年）

Strange, S. (1986) Casino Capitalism, Manchester: Manchester University Press.

Strange, S. (1998) States and Markets 2nd ed., London: Continuum.

（西川潤・佐藤元彦訳『国際政治経済学入門―国家と市場』東洋経済新報社、1994年）

Strange, S. (1996) The Retreat of the State: The Diffusion Power in the World Economy, Cambridge: Cambridge University Press.

（櫻井公人訳『国家の退場―グローバル経済の新しい主役たち』岩波書店、1998年）

Taleb, N.N. (2007) The Black Swan: The impact of the Highly Improbable, London: Penguin Books.

Tylecote, A. (2019) The long wave in the world economy, London: Routledge.

Taylor, L. (1997) Editorial: "The Revival of the Liberal Creed-the IMF and the World Bank in a Globalized Economy, World Development", Vol.25, No.2, pp.145-152.

The Alan Day Report (1986) 'Economic Strategies: Keynes, Friedman and their Disciples', Winter.

The Bank of Tokyo (Tokyo-Mitsubishi UFJ Bank), (1962) 'Monthly Economic Bulletin', December. T188/67, Unofficial Notes for the Guidance of the Press, 1936.9.25.

THE WALL STREET JOURNAL Proceedings of National Academy of Sciences of the USA, --------------

T20 Summit, '2019 COMMUNIQUE', May 26-27 Tokyo, Japan.

United Nations Department of Economic and Social Affairs (2019), 'Sustainable Development Outlook 2019': Gathering Storms and Silver Linings: An overview of SDG challenges.

United Nations Department of Economic and Social Affairs (2020), 'Sustainable Development Outlook 2020: Achieving SDGs in the wake of Covid-19: Scenarios for Policymakers',

United Nations Development Programme, "17 Goals to Transform our World" Sustainable Development Goals,

United Nations 'About the 2019 SDG Report'

United Nations (2019) 'Political declaration of the high-level political forum on sustainable development convened under the auspices of the General Assembly', Draft resolution submitted by the President of the General Assembly, 9th Sep 2019.

United States, Government (1979) European Monetary System: Problems and Prospects, United States, Congress, Joint Economic Committee, Sub-committee on International Economics, Nov. 1979, Washington: US Gov. print. United States International Trade Commission (April 2019)

U of T G8 Information Centre (1985) 'Announcement the Ministers of Finance and Central Bank Governors of France, Germany, Japan, the United Kingdom, and the United States' (Plaza Accord), September 22, 1985.

Varoukalis, Y. (2017) Talking to My Daughter About Economicsy: A Brief History of Capitalism, Penguin Books.
(関美和訳『父が娘に語る美しく、深く、壮大で、とんでもなくわかりやすい経済の話』ダイヤモンド社、2019年)

Wallace, H. (2001) "The Changing Politics of the European Union: An Overview", Journal of Common Market Studies, Vol.39, No.4, p.581-594.

Wallace, H. & Wallace, W. & Pollack, M.A. (2005) Policy-Making in the European Union, New York: Oxford University Press, Fifth edition.

Waltz, K.N. (1954) Man, the state, and war: a theoretical analysis, New York: Columbia University Press.

Watson, M. (2005) Foundations of International Political Economy, Basingstoke: Palgrave Macmillan.

Western European Union (1992) 'Petersberg Declaration, June 1992'; from http://www.weu.int/ [viewed 15/01/2010]

World Bank (1993) The East Asian Miracle: Economic Growth and Public Policy, A World Bank Policy Research Report, Oxford University Press,
(鳥正喜［監訳］『東アジアの奇跡―経済成長と政府の役割』東洋経済新報社、2014年）

Wriston, W. (1978) "Banking in Transition", Bankers Magazine (Sept/Oct).

Yergin, D. A. & Stanislaw, J. (1998) The Commanding Heights, New York: Simon & Schuster.
(山岡洋一［訳］『市場対国家―世界を作り変える歴史的攻防』上・下、日経ビジネス人文庫、2001年）

Zuboff, S. (2019) The Age of Surveillance Capitalism: The Fight for the Human Future at the New Frontier of Power, New York: Public Affairs.

【著者紹介】　千葉　千尋（ちば・ちひろ）

2002年　国際基督教大学教養学部卒業
2011年　ウォーリック大学大学院国際関係学専攻修了、MA取得
教育機関やIT企業を経て、ドイツ銀行、野村HD等金融機関に勤務
その後、国際政治経済およびEU研究に従事
日本EU学会会員
立命館大学招聘講演、学会発表などの研究活動実績他
研究著作に『国際政治経済学新論―新しい国際関係の理論と実践―』
（共著）など

危機のグローバルガバナンス
──新たな国際協調体制への道

2021年4月26日　第1刷　　　定　価＝2200円＋税

著　　者　千　葉　千　尋　ⓒ
発 行 人　相　良　景　行
発 行 所　㈲　時　潮　社
174-0063 東京都板橋区前野町 4-62-15
電話 (03) 5915-9046
FAX (03) 5970-4030
郵便振替　00190-7-741179　時潮社
URL http://www.jichosha.jp
E-mail kikaku@jichosha.jp
印刷・相良整版印刷　製本・仲佐製本

乱丁本・落丁本はお取り替えします。
ISBN978-4-7888-0750-1

時潮社の本

国際政治経済学新論
—— 新しい国際関係の理論と実践 ——

川戸秀昭・円居総一・小林　通　共編

Ａ５判・並製・250頁・2800円（税別）

国際社会の要請をうけて急速に進展するグローバル化は個別生活のすみずみから社会様式、思想にまで絶大な影響を与えずにはおかない。現代政治経済学の地平を切り拓いてきた各論者がグローバル化の現況を新たな視点で読み解く。

イノベーションと流通構造の国際的変化
業態開発戦略、商品開発戦略から情報化戦略への転換

蓼沼智行　著

Ａ５判・並製・280頁・2800円（税別）

国際的トレーサビリティ・システムの構築へ——イノベーションと構造変化の一般化を図り、流通のグローバル化と国際的トレーサビリティ・システムの新たな構築に向けた動きが内包する社会経済的影響と世界システムの変容への示唆を解明する。

展開貿易論

小林　通　著

Ａ５判・並製・164頁・定価2800円（税別）

今や貿易は生活の隅々にまで影響を与え、旧来の壁を劇的に突き崩し、史上にない規模に拡大している。だが、実態は様々なベールに覆われ、見えにくい現実も。本書は貿易の流れ・歴史・理論を平明に説き起こし、貿易のノウハウまで追いかけた貿易実務の入門書であり、初学者、中堅実務家に必携の書である。

国際貿易政策論入門

稲葉守満　著

Ａ５判・並製・346頁・定価4000円（税別）

産業貿易史を踏まえつつ貿易理論とその最前線を検証し、ＴＰＰ（環太平洋戦略的経済連携協定）を含む日本の通商政策問題を総合的に判断するための必携書。この１冊で現代貿易の全容がわかる。